Kurt Krummeich

MATERIAL- UND LAGERWIRTSCHAFT

Ein Leitfaden für die Praxis und die Aus- und Weiterbildung

Teil I Grundlagen des Wirtschaftens
Teil II Grundzüge der Logistik
Teil III Material- und Lagerwirtschaft
Teil IV Distribution

Best.-Nr.: 31122

VERKEHRSVERLAG FISCHER

ISBN 978-3-87841-315-8 • Bestell-Nr. 31122

Herstellung und Vertrieb:
Verkehrs-Verlag J. Fischer GmbH & Co. KG, Paulusstraße 1, 40237 Düsseldorf
Telefon: (0211) 9 91 93 - 0 • Telefax: (0211) 6 80 15 44
eMail: vvf@verkehrsverlag-fischer.de • Internet: verkehrsverlag-fischer.de

Teil I Grundlagen des Wirtschaftens

Teil II Grundzüge der Logistik

Seite

Teil III Material- und Lagerwirtschaft

Seite

Seite

Teil IV Distributionslogistik

Seite

ADR	Internationales Übereinkommen über die Beförderung gefährlicher Güter auf der Straße
ArbStättV	Verordnung über Arbeitsstätten
AsiG	Arbeitssicherheitsgesetz
Az.	Aktenzeichen
BAM	Bundesanstalt für Materialprüfung
BImSchG	Bundesimmissionsschutzgesetz
BZA	Bundesbahn-Zentralamt
CMR	Übereinkommen über den Beförderungsvertrag im internationalen Straßengüterverkehr
DB	Deutsche Bahn AG
d.h.	das heißt
DIN	Deutsche Industrie-Norm (Verbandszeichen des Deutschen Instituts für Normierung)
DV	Datenverarbeitung
EAN	Europäische Artikelnummer
EDV	Elektronische Datenverarbeitung
etc.	et cetera = und so weiter
EU	Europäische Union
EWR	Europäischer Wirtschaftsraum
FiFo	First-in / First-out
FTS	Fahrerlose Transportsysteme
FT-Systeme	Fahrerlose Transportsysteme
GbV	Gefahrgutbeauftragtenverordnung
GefStoffV	Gefahrstoffverordnung
GewO	Gewerbeordnung
GGVSE	Gefahrgutverordnung Straße und Eisenbahn
GGVSee	Gefahrgut-Verordnung See
GSG	Gesetz über technische Arbeitsmittel
HGB	Handelsgesetzbuch
HRL	Hochregallager
IATA	International Air Transport Association = Internationaler Verband der Luftfahrtgesellschaften
IATA-DGR	Regeln der IATA für gefährliche Güter
IBC	Großpackmittel
ICAO	International Civil Aviation Organization = Internationale Zivilluftfahrtorganisation
ICAO-TI	Technische Instruktionen der ICAO über den sicheren Lufttransport gefährlicher Güter
i.d.R.	in der Regel
IMDG	Internationaler See-Code für gefährliche Güter
I-Punkt	Identifikationspunkt
ISO	International Organization for Standardization = Internationale Organisation für Normierungen
JIT	Just-in-time = genau in der Zeit
K-Punkt	Kontrollpunkt

LE	Lagereinheit
LiFo	Last-in / First-out
RFZ	Regalförderzeug
RGB	Regalbediengerät
RID	Ordnung für die internationale Eisenbahnbeförderung gefährlicher Güter
TRB	Technische Regeln für Druckbehälter
TRbF	Technische Regeln für brennbare Flüssigkeiten
TRG	Technische Regeln für Druckgase
UN	United Nations = Vereinte Nationen
usw.	und so weiter
UVV	Unfallverhütungsvorschriften
VbF	Verordnung brennbare Flüssigkeiten
VWwS	Verordnung über Anlagen zum Lagern, Abfüllen und Umschlagen wassergefährdender Stoffe
WA	Warenannahme
WEP	Wareneingangsprüfung
WHG	Wasserhaushaltsgesetz
z.B.	zum Beispiel

Logistik Lotse

Aktualisierte Ausgabe des ehemaligen Danzas-Lotsen

Unter dem Titel „Logistik-Lotse“ veröffentlicht DHL erstmals das in der Branche bisher als „Danzas-Lotse“ bekannte Nachschlagewerk für Logistik-, Export-, Import- und Versandleiter sowie Studierende und Auszubildende in Spedition und Verkehrswirtschaft.

Die 13. Auflage des Leitfadens für Spedition und Logistik, der künftig mit DHL-Branding erscheint, wurde aktualisiert und erweitert.

Das Kapitel „Logistik“ wurde um Daten, Entwicklungen und Trends des KEP-Marktes ergänzt, das Thema „E-Commerce“ und „E-Logistics“ dem rapiden Fortschritt bei IT-gestützten Lösungen angepasst.

Berücksichtigung finden des Weiteren alle neuen oder novellierten Gesetze, Bestimmungen und Abkommen der internationalen Transportwirtschaft, wie z.B. die neue Fassung des Güterkraftverkehrsgesetzes (GüKG) oder des Montrealer Abkommen (MÜ), das für eine Übergangszeit parallel zum Warschauer Abkommen (WA) die Transportbedingungen im Luftverkehr regelt.

Aus dem Inhalt:

I. Logistik
II. E-Commerce und E-Logistics
III. Spedition
IV. Straßenverkehr
V. Bahnverkehr
VI. Seeverkehr
VII. Luftverkehr
VIII. Zoll
IX. Außenwirtschaft

Bestell-Nr. 41100
916 Seiten, DIN A 5, broschiert .... € 39,00
zuzügl. Versandspesen und Mehrwertsteuer

Verkehrs-Verlag J. Fischer • Postfach 14 02 65 • 40072 Düsseldorf
☎ 0211 / 9 91 93 - 0 • Fax 0211 / 6 80 15 44

Teil I Grundlagen des Wirtschaftens

Seite

1 Grundlagen des Wirtschaftens

1.1 Welche Aufgabe hat die Wirtschaft eines Staates?

Die Wirtschaft eines Staates – auch Volkswirtschaft genannt – hat die Aufgabe, die vielfältigen **Bedürfnisse** des einzelnen Menschen zu befriedigen.

1.2 Bedürfnisse und Bedarf

Bedürfnisse des Menschen sind:

- Lebensbedürfnisse,
- Kulturbedürfnisse und
- Luxusbedürfnisse.

Ein Teil dieser Bedürfnisse, welcher mit einem Einkommen oder mit Sachwerten befriedigt wird, ist der Bedarf.

Der Bedarf wird durch

- Güter (Verbrauchs- und Gebrauchsgüter),
- Dienstleistungen und auch
- Rechte (z.B. Patente / Lizenzen)

gedeckt.

Die Bedürfnisse des Menschen sind im Allgemeinen unbegrenzt. Güter, die der Bedarfsdeckung dienen, sind vielfach von Natur aus knapp. Auch Dienstleistungen können nicht in beliebiger Menge erstellt werden.

1.3 Wie wird der Bedarf gedeckt?

Durch die Tätigkeit des Menschen wird dieses aber überwunden und der Bedarf gedeckt. Durch seine Tätigkeit sichert sich der Einzelne durch seine Arbeit ein Einkommen, welches ihm die Deckung seines Bedarfs – mehr oder weniger – gestattet.

1.4 Wirtschaften – eine planmäßige Tätigkeit

Wirtschaften ist eine planmäßige Tätigkeit, Güter mit dem geringsten Aufwand

- zu gewinnen,
- zu erzeugen oder
- zu verteilen

und unterliegt immer einer kaufmännischen Denk- und Handlungsweise.

1.5 Bereiche, in denen eine wirtschaftliche Tätigkeit ausgeübt wird

Die wirtschaftliche Tätigkeit wird in Unternehmen der nachstehenden Wirtschaftsbereiche ausgeübt.

- **Urerzeugung =**
  Gewinnung von Rohstoffen z.B. im Bergbau, in der Land- und Forstwirtschaft und in der Fischerei;
- **Weiterverarbeitung =**
  Herstellung von Ver- oder Gebrauchsgütern aus Rohstoffen durch Industrie und Handwerk;
- **Güterverteilung =**
  Bereitstellung von Rohstoffen und anderen Gütern am Ort des Ver- oder Gebrauchs durch den Groß- oder Einzelhandel;
- **Dienstleistungen =**
  Mithilfe bei der Erzeugung und Verteilung, z.B. durch Banken, Versicherungen und das Verkehrsgewerbe;
- **Güterverbrauch =**
  Verbrauch der bereitgestellten Güter durch private und öffentliche Haushalte und durch Betriebe der einzelnen Wirtschaftsbereiche.

Abbildung 1: Wirtschaftsbereiche und Tätigkeiten

1.6 Wirtschaftliche Grundbegriffe

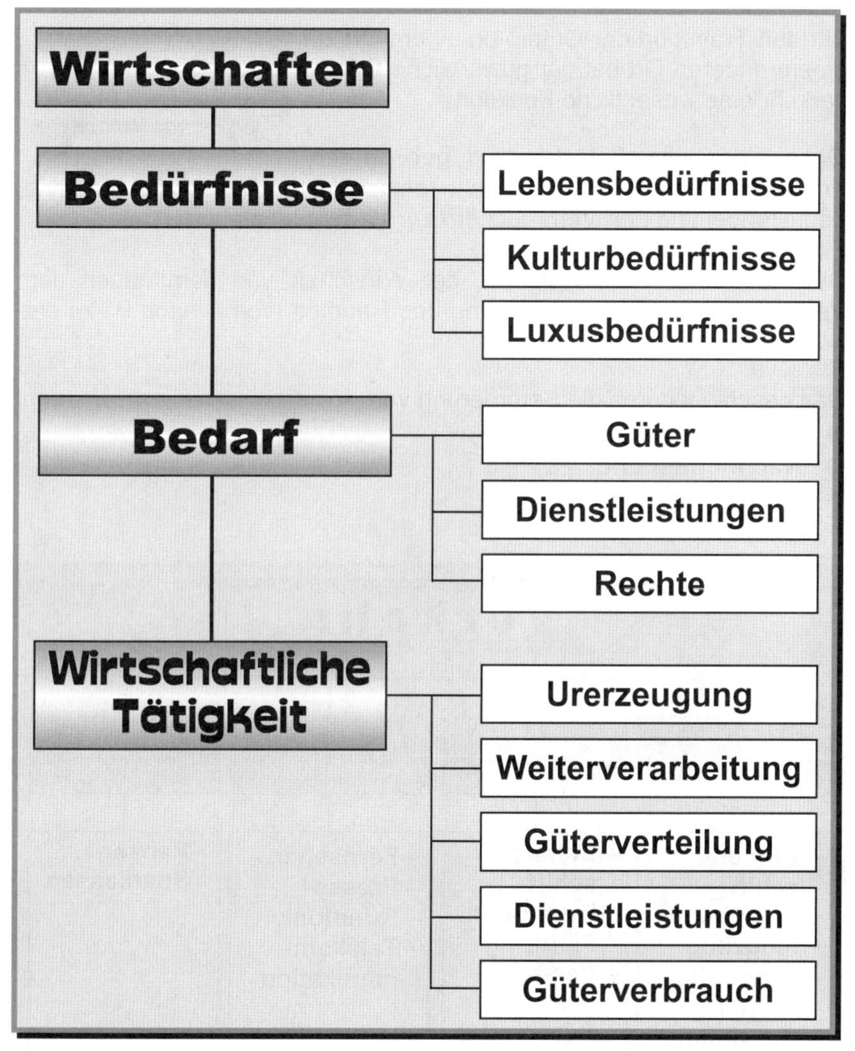

Abbildung 2: Wirtschaftliche Grundbegriffe

In der Bundesrepublik Deutschland wird das Wirtschaftssystem der **sozialen Marktwirtschaft** praktiziert.

1.7 Bedeutung des Verkehrs für unsere Volkswirtschaft

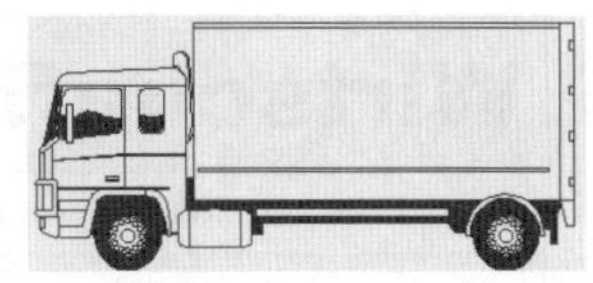

Für den Transport der Güter von einem Ort zu einem anderen Ort hat der gewerbliche Güterverkehr eine wesentliche Funktion.

Ohne einen **organisierten** und **geordneten** Transport würden die Güter nicht rechtzeitig bei Bedarf der Industrie, dem Handel und den Verbrauchern zur Verfügung stehen.

Der Verkehr hat die Aufgabe, der Wirtschaft und damit auch dem Verbraucher bei der Überwindung des Raumes (von A nach B) zu dienen.

Das geschieht durch die Beförderung von
- **Gütern und Personen,**
- **Nachrichten und**
- **Zahlungen.**

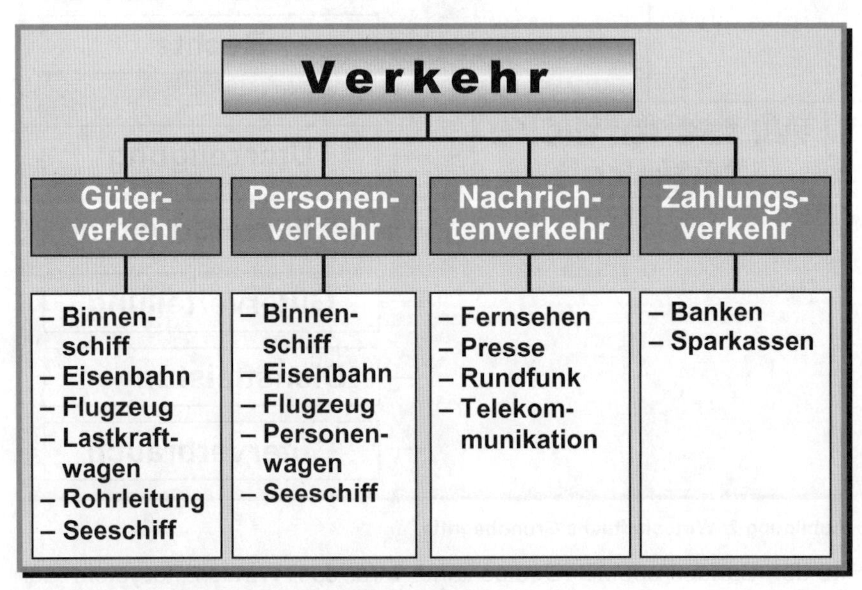

Abbildung 3: Verkehrsarten und Verkehrsmittel

1.7.1 Aufgabe des Güterverkehrs

Der Güterverkehr hat die Aufgabe, Güter von den Orten der Gewinnung, Produktion und des Handels zu den Orten des Ver- oder Gebrauchs zu befördern.

1.7.2 Verkehrsträger

Als Verkehrsträger wird die Gesamtheit aller gleichartigen Unternehmen bezeichnet, welche sich desselben Verkehrsmittels und desselben Verkehrsweges für die Beförderungsleistung bedienen.

Abbildung 4: Verkehrsträger, Verkehrsmittel und Verkehrswege des Verkehrs

1.7.3 Unternehmen, welche zum Wirtschaftszweig Güterverkehr innerhalb der Verkehrswirtschaft zählen

Zum Wirtschaftszweig Güterverkehr zählen alle Betriebe, welche sich unmittelbar oder mittelbar mit der Ausführung von Beförderungsleistungen befassen. Auf der einen Seite sind das die Unternehmen der **Verkehrsträger** und auf der anderen Seite die **Spediteure, Schiffsmakler, Lagerhalter** und **Umschlagbetriebe.**

1.7.4 Der Spediteur – Mittler zwischen Industrie bzw. Handel und Frachtführern

Spediteur ist, wer gewerblich den Gütertransport „besorgt" (zum besseren Verständnis: vermittelt). Ein Spediteur hat keine eigenen Fahrzeuge, er setzt für den Transport Frachtführer ein.

Der Spediteur schließt mit dem Auftraggeber einen **Speditionsvertrag** und mit dem Frachtführer einen **Frachtvertrag** ab.

Die Besorgung des Transports umfasst die Organisation der Beförderung, insbesondere

- die Bestimmung des Beförderungsmittels und des Beförderungsweges,
- die Auswahl ausführender Frachtführer, den Abschluss der für die Versendung erforderlichen Fracht-, Lager- und Speditionsverträge sowie die Erteilung von Informationen und Weisungen an die ausführenden Frachtführer und
- die Pflicht der Sicherung von Ersatzansprüchen des Auftraggebers.

1.7.5 Die Auswahl des geeigneten Verkehrsmittels unter wirtschaftlichem Gesichtspunkt

Da die Transportkosten ein wichtiger Faktor des Produktpreises sind, muss der Absender (Hersteller, Händler etc.) das Verkehrsmittel auswählen, welches der **wirtschaftlichen** und **natürlichen Transportfähigkeit** des jeweiligen Gutes am besten entspricht.

Die Wahl unter den konkurrierenden Verkehrsmitteln wird in erster Linie durch die Qualität der Beförderungsleistung entschieden.

Die Qualität der Beförderungsleistung wird durch

- die Pünktlichkeit,
- die Schnelligkeit,
- die Sicherheit und nicht zuletzt durch
- den Preis

des Verkehrsmittels im Besonderen bestimmt.

Abbildung 5: Merkmale für die Qualität der Beförderungsleistung

1.8 Faktoren, welche die Produktion wesentlich bestimmen

Für eine reibungslose und termingerechte Produktion von Waren müssen in einem Unternehmen bestimmte Voraussetzungen erfüllt sein.

Zu den wichtigsten Faktoren, welche die Produktion beeinflussen, zählen:

- Bereitstellung der benötigten Arbeitsmittel;
- Einsatzplanung der für die Produktion benötigten Mitarbeiter;
- Einsatz eines Produktionsplanungs- und Steuerungssystems;
- Termingerechter Einkauf von Rohstoffen, Halbfertigprodukten und Handelsware (Materialwirtschaft / Einkauf);
- Termingerechte Bereitstellung von Rohstoffen und Halbfertigprodukten an der jeweiligen Produktionsstätte (innerbetrieblicher Materialfluss).

Abbildung 6: Faktoren, welche die Produktion eines Unternehmens beeinflussen

1.9 Arbeitsteilung und arbeitsteiliges Wirtschaften

Da ein einzelnes Unternehmen nicht alle Tätigkeiten von der Rohstoffgewinnung über die Weiterverarbeitung und Produktion und den Transport zum Verbraucher selbst durchführen kann, ist eine Arbeitsteilung unbedingt erforderlich. Die Versorgung der Verbraucher in dicht besiedelten Ballungsgebieten und auch im ländlichen Bereich kann nur durch eine stark arbeitsteilige Massenproduktion gesichert werden. Massenproduktion und starke Arbeitsteilung sind u.a. die Kennzeichen eines modernen Industriestaates.

Ausgangsprodukte aller weiterverarbeitenden Unternehmen der industriellen Massenproduktion sind die Rohstoffe, die in den Unternehmen der Urerzeugung – vielfach weit räumlich von den verarbeitenden Betrieben entfernt – gewonnen werden. Durch eine ausgeprägte Arbeitsteilung wird der Produktionsprozess eines beliebigen Gutes auf viele, räumlich getrennte Betriebe verteilt. Auch die Orte der Fertigung und des Verbrauchs liegen oft weit auseinander.

Dadurch ergeben sich in der Wirtschaft i.d.R. Orte des Überflusses an Gütern, die vom Rohstoff über das Halbfertigprodukt bis zum Fertigprodukt reichen. Diesen Orten stehen in unterschiedlicher Entfernung Orte des Bedarfs gegenüber. Diese Entfernungen zu überwinden, ist Aufgabe des Güterverkehrs. In keinem Bereich der Wirtschaft kann gearbeitet werden, wenn die täglich anfallenden großen Gütermengen nicht befördert werden.

In der täglichen Praxis haben Sie sicherlich schon oft festgestellt, dass viele Betriebe und Menschen regelmäßig damit beschäftigt sind, ein Produkt zum Ort des Verbrauchs zu verbringen.

Die Arbeitsteilung für die Erstellung eines Produktes macht schon seit vielen Jahren nicht mehr an der Grenze eines Landes halt. Kooperationen mit Partnern in anderen Ländern und Kontinenten fördern die Arbeitsteilung und sind im Allgemeinen für die Unternehmen kostengünstiger, als alle erforderlichen Leistungen für das Produkt selbst zu erbringen.

Auch in den einzelnen Unternehmen wird Arbeitsteilung praktiziert, wie Abbildung 7 am Beispiel eines Industrieunternehmens zeigt.

1.10 Unternehmensorganisation und betriebliche Grundfunktionen

Jedes Unternehmen kann die Organisation und Struktur seines Betriebes selbst bestimmen. Nachstehend ein Beispiel für eine Unternehmensorganisation in einem Industriebetrieb.

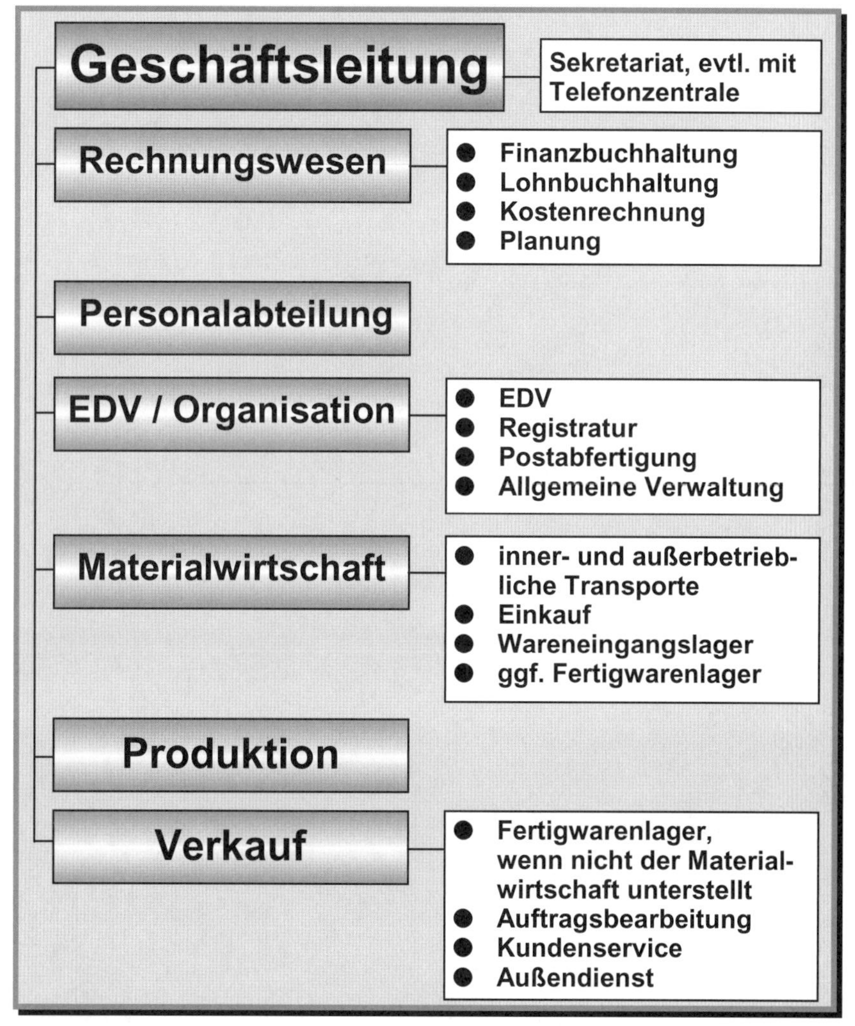

Abbildung 7: Organisation / betriebliche Grundfunktionen eines Industriebetriebes

Teil II Grundzüge der Logistik

Seite

2 Grundzüge der Logistik

2.1 Definition des Begriffs Logistik

Logistik — der Begriff kommt aus dem Militärischen. Wenn Sie einmal in einem Lexikon nachschlagen, werden Sie in etwa die nachstehende Definition finden:

Die Logistik ist der Zweig der militärischen Führung, der die
- **materielle Versorgung,**
- **die Materialverwaltung,**
- **das Transport- und Verkehrswesen,**
- **den Abtransport der Verwundeten und Kranken,**
- **die Infrastruktur und**
- **das logistische Verbindungswesen**

der Streitkräfte zur Aufgabe hat.

Abbildung 1: Definition des militärischen Begriffs Logistik

In Industrie und Handel wird seit über 20 Jahren verstärkt die Logistik als Mittel der Rationalisierung, Kostensenkung und Gewinnmaximierung angewendet.

Was ist nun Logistik im Wirtschaftsleben?

Logistik ist
- **einerseits eine Lehre über ganzheitliche und abgestimmte Informations- und Warenflüsse in Wirtschaftssystemen**

oder
- **andererseits eine Führungsaufgabe in Industrie und Handel zur Steuerung von Wirtschaftssystemen.**

Abbildung 2: Definition des Begriffs Logistik

Ich definiere Logistik einmal – für Sie leichter verständlich – wie folgt:

Logistik ist u.a. die Fähigkeit eines Unternehmens, seine Kunden
- **schnell,**
- **flexibel,**
- **präzise,**
- **zuverlässig,**
- **qualitätsbewusst und**
- **preiswert**

zu bedienen, bei höchstmöglichem erzielten Gewinn.

Abbildung 3: Definition des Autors für den Begriff "Logistik"

2.2 Teilbereiche der integrierten Unternehmenslogistik

Die integrierte Logistik eines Unternehmens wird heute in die logistischen Teilbereiche
- **Beschaffungslogistik,**
- **Produktionslogistik,**
- **Distributionslogistik (ggf. auch Versand- oder Absatzlogistik genannt),**
- **Einsatz- bzw. Servicelogistik und**
- **Entsorgungslogistik**

gegliedert.

Abbildung 4: Teilbereiche der integrierten Logistik

2.3 Aufgabe und Funktion der Logistik (Materialwirtschaft)

Durch die Logistik soll ein hoher Beitrag zur Gewinnmaximierung des Unternehmens, mit einem „logistischen Optimum" erreicht werden.

Wie kann ein Unternehmen dieses Ziel erreichen?

Dieses Ziel kann nur durch eine
- **perfekte Versorgungskette,**
- **weitestgehende Minimierung der Kosten,**
- **immerwährende Reduzierung der Kapitalbindung und**
- **hohe Flexibilität**

erreicht werden.

Abbildung 5: Maßnahmen zur Erreichung des Logistikzieles

Unternehmensziele wie
- **Erweiterung der Marktanteile,**
- **Gewinnerhöhung,**
- **Umsatzerhöhung,**
- **Vergrößerung des Unternehmens**
- **und andere Zielvorstellungen**

ordnen die Ziele anderer Bereiche / Abteilungen des Unternehmens unter.

Wichtig:
Die Ziele der Unternehmenslogistik müssen, wenn sie mit Erfolg umgesetzt werden sollen, mit den Unternehmenszielen abgestimmt sein!

Abbildung 6: Abstimmung der Unternehmensziele und der Unternehmenslogistik

2.4 Hauptziele der Logistik

Die Hauptziele der Logistik:
- **die Kosten minimieren,**
- **die Kapitalbindung reduzieren,**
- **die Qualität sichern,**
- **den Servicegrad wirtschaftlich halten und**
- **das Just-in-time vervollständigen**

sind in der folgenden Abbildung dargestellt.

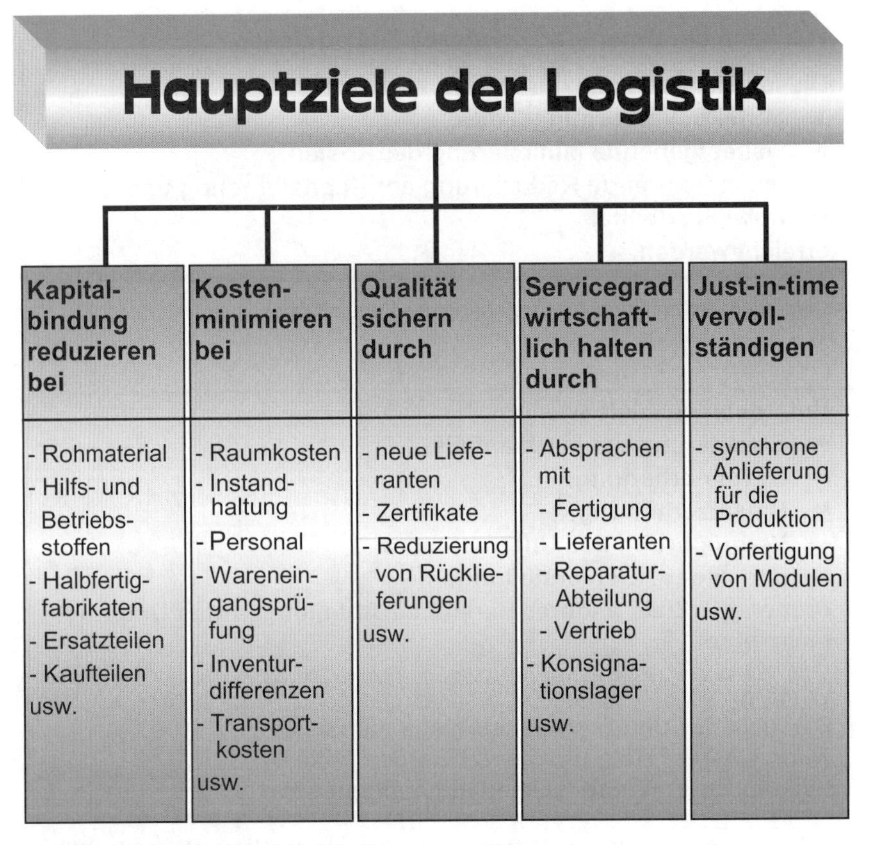

Abbildung 7: Hauptziele der Logistik

2.5 Funktionen und Beeinflussung der Logistik

Die Grafik in Abbildung 8 zeigt Ihnen die verschiedensten Funktionen und die daraus resultierende Beeinflussung der Unternehmenslogistik, von der Beschaffung über Wareneingang und Wareneingangsprüfung, Lagerung, Produktion und Qualitätswesen, Fertigwarenlager, Kommissionierung und Verpackung, Versandlager, bis zur Beladung und der Verladung (Versand).

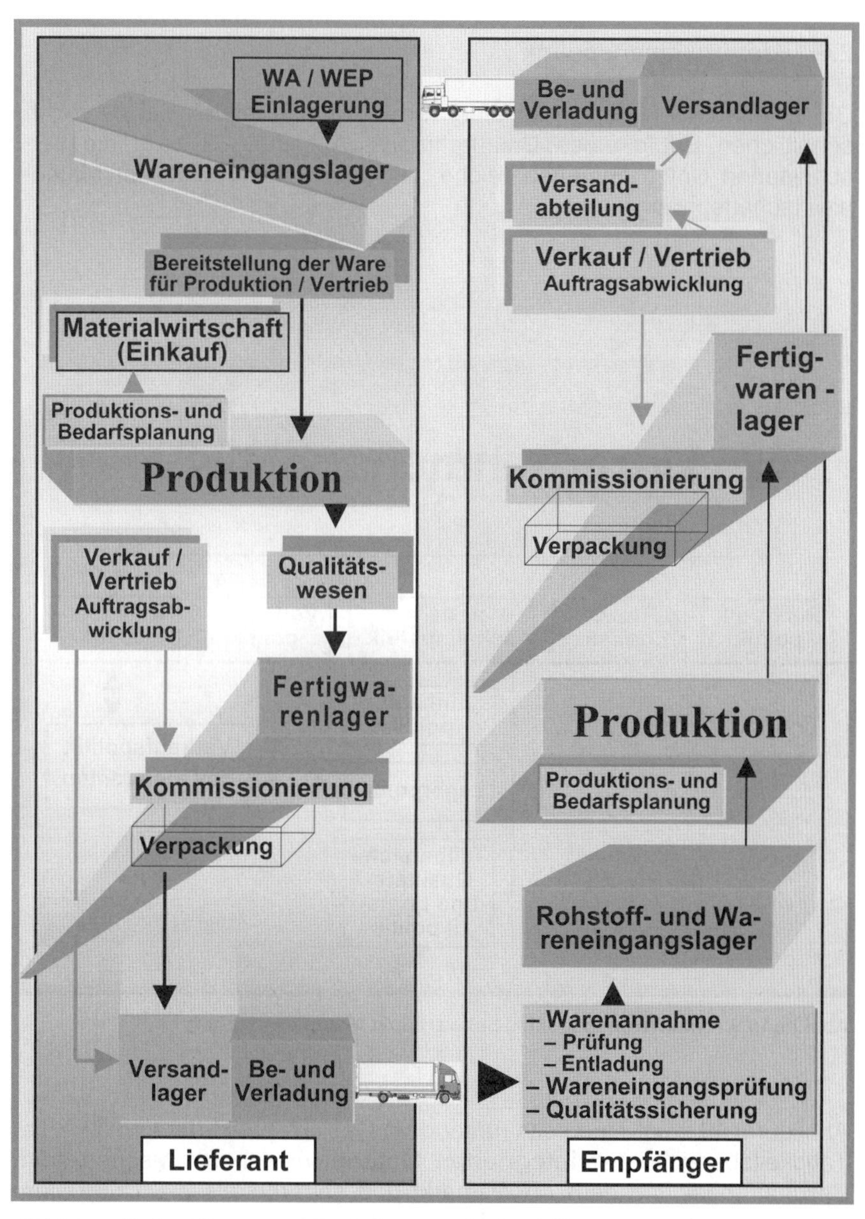

Abbildung 8: Funktionen und Beeinflussung der Logistik

2.6 Unternehmenspolitik

Die Unternehmenspolitik hat einen besonderen Einfluss auf den wirtschaftlichen Erfolg eines Unternehmens. Abbildung 9 zeigt die verschiedenen Unternehmensbereiche, mit dem Schwerpunkt der Materialwirtschaftspolitik.

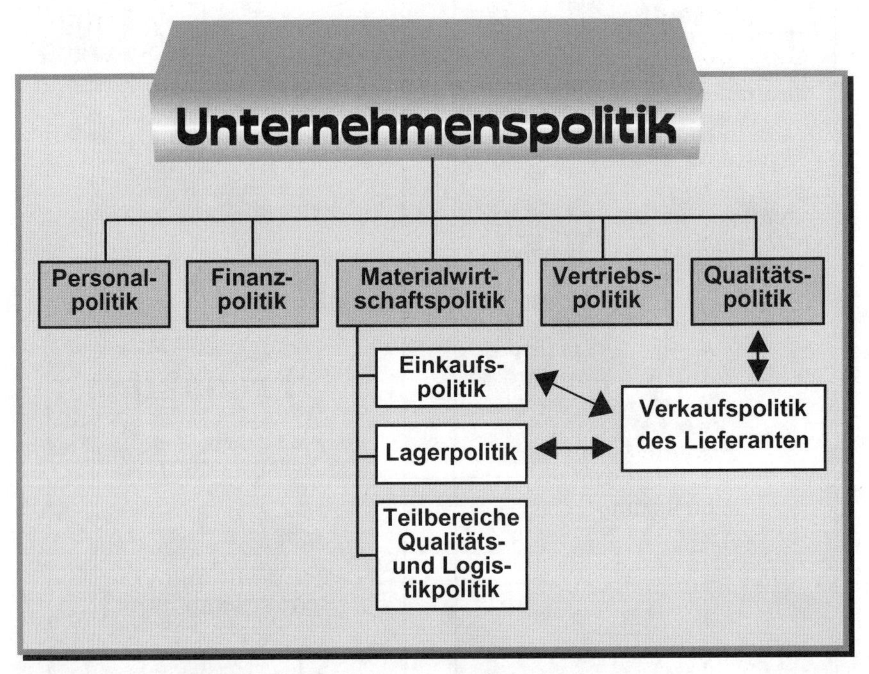

Abbildung 9: Unternehmenspolitik, Schwerpunkt Materialwirtschaft

Abbildung 10 zeigt einerseits (unter dem Gesichtspunkt der Logistik) die Tätigkeitsbereiche der **integrierten Materialwirtschaft** zwischen dem Beschaffungs- und dem Absatzmarkt und andererseits die Tätigkeiten bzw. Wege des **innerbetrieblichen Transports.**

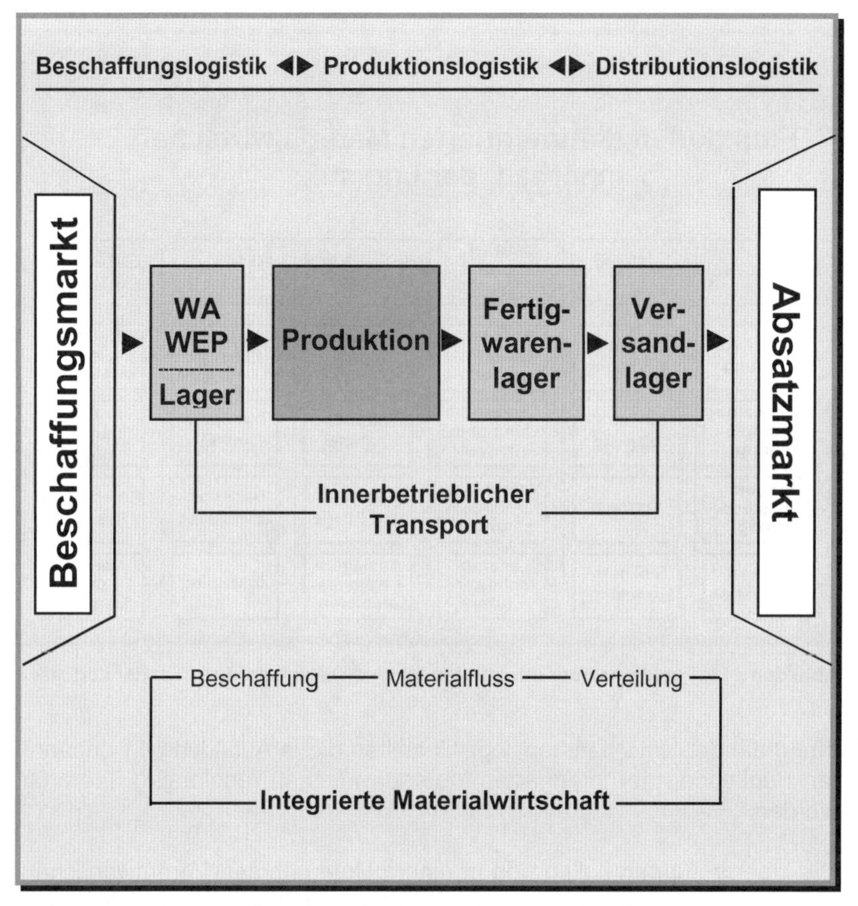

Abbildung 10: Darstellung der Beschaffungs-, Produktions- und Distributionslogistik

Abbildung 10 zeigt die drei Hauptbereiche der Unternehmenslogistik: **Beschaffungslogistik – Produktionslogistik – Distributionslogistik,** welche vielfach noch um die Logistikbereiche **Entsorgungslogistik** und **Servicelogistik** in der Praxis ergänzt werden.

Welche Teilbereiche der Logistik praktiziert werden, ist von der Größe und Struktur des jeweiligen Unternehmens abhängig.

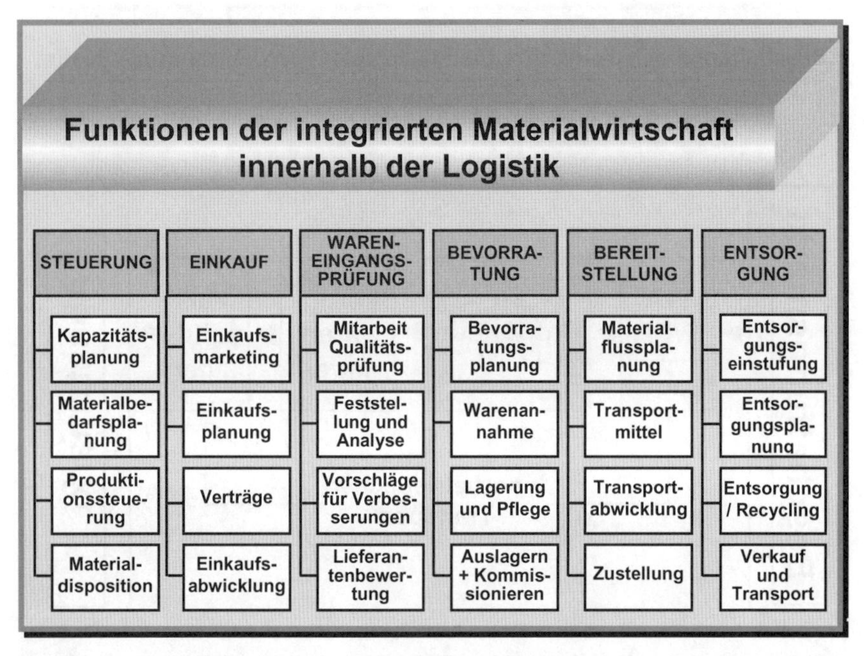

Abbildung 11: Funktionen der integrierten Materialwirtschaft innerhalb der Logistik

Innerhalb der Unternehmenslogistik sollten die in Abbildung 11 genannten Funktionen der integrierten Materialwirtschaft regelmäßig überprüft werden.

Die Überprüfungen sollen den in einem Unternehmen Verantwortlichen aufzeigen, wo Verbesserungen und Kosteneinsparungen möglich sind und Rationalisierungspotentiale „schlummern“.

Ein weiterer Schwerpunkt solcher Kontrollen ist die Aufdeckung von Fehlerquellen im Praxisalltag und die Entwicklung von Konzepten zur Behebung solcher Fehlerquellen in der Zukunft. Über allgemeine Arbeits- und Organisationsanweisungen hinaus, haben sich in der Praxis Organisations-Handbücher als sinnvoll erwiesen.

Grundsätzlich muss durch regelmäßige Stichproben festgestellt werden, ob die Mitarbeiter/innen diese Vorgaben auch einhalten.

2.7 Funktionelle Abgrenzung nach den Phasen des Güterflusses

Die Grafik in Abbildung 12 zeigt die funktionelle Abgrenzung innerhalb der Unternehmenslogistik, nach den Phasen des Güterflusses, am Beispiel eines Industrieunternehmens.

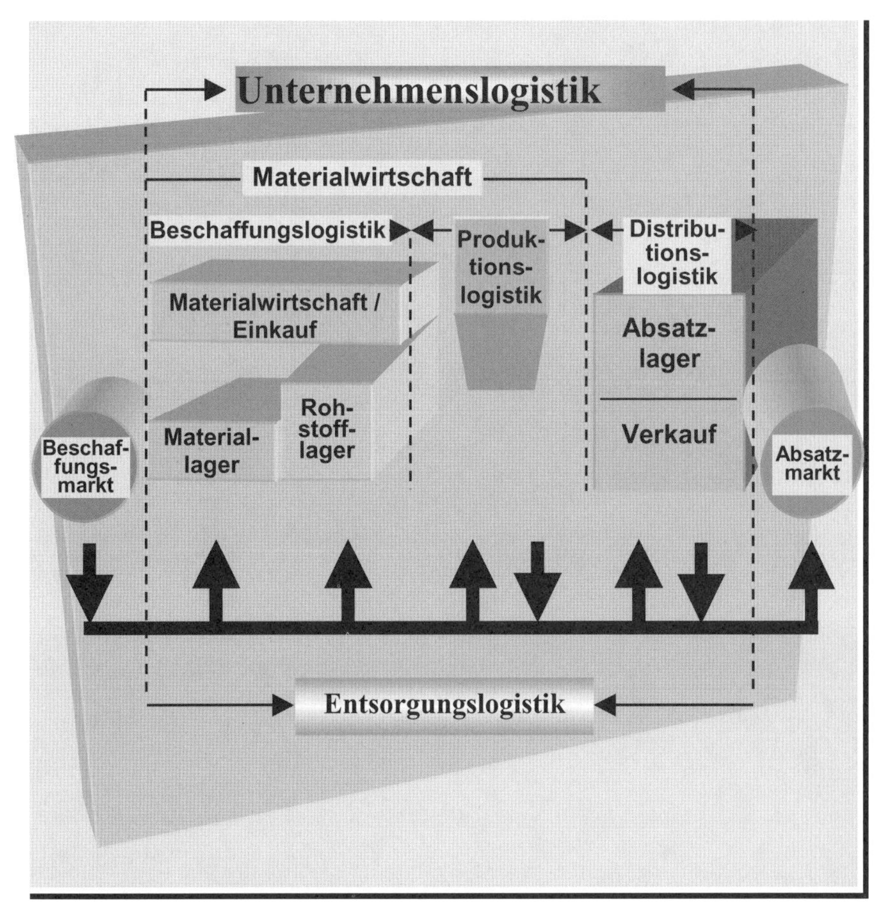

Abbildung 12: Funktionelle Abgrenzung nach den Phasen des Güterflusses

Teil III Material- und Lagerwirtschaft

Seite

Seite

3 Material- und Lagerwirtschaft

3.1 Lagerhaltung und ihre Aufgaben

Eine Lagerhaltung wird aus den unterschiedlichsten Gründen vorgenommen, z.B.

- zum Ausgleich von Differenzen zwischen Angebot und Nachfrage,
- zum Schutz vor Unsicherheit,
- aus Spekulationsgründen,
- wegen Kostenvorteilen bei der Produktion größerer Serien.

3.1.1 Distributionsstrategie im Rahmen der Lagerhaltung

Bei der Distributionsstrategie muss in Lagerhaltungs- und Lieferstrategie unterschieden werden.

Die Lagerhaltungsstrategie bezieht sich auf

- **die Bestandshöhe,**
- **die Sortimentsstruktur,**
- **die Häufigkeit und den Umfang der Lagerbelieferungen,**

während die Lieferstrategie festlegt,

- **welcher Kunde,**
- **wann und wie häufig,**
- **von welchem Lager**

beliefert wird.

Abbildung 1: Lagerhaltungs- und Lieferstrategie

3.1.2 Eigenlager oder Fremdlager?

Durch die Integration der Transport- und Lagerwirtschaft in die Logistik stellt sich für große und mittlere Unternehmen immer öfter die Frage: **Eigenleistung oder Fremdbezug (Make or Buy)?**

Quelle: Constructor Lagertechnik, Wipperfürth

Während die Produktion, das „Herz“ des Industrieunternehmens, i.d.R. nicht zur Disposition steht, wird für die Teilbereiche Wareneingangslager, Fertigwarenlager einschließlich Kommissionierung und Transport bereits seit vielen Jahren immer öfter die Entscheidung zu Gunsten eines Dienstleisters (Logistikspediteur) getroffen. Die Gründe sind sehr vielfältig (→ Abbildung 2).

Die Frage nach Eigen- oder Fremdbezug von Logistikleistungen stellt sich auf sehr unterschiedliche Weise. Eigen- oder Fremdtransport bzw. Eigen- oder Fremdlagerung sind nur ein kleiner Teil des breiten Feldes unterschiedlicher Wahlmöglichkeiten.

Bei der Wahl muss berücksichtigt werden, dass die Waren mengenmäßig und terminlich pünktlich beim Empfänger ankommen. Das durch einen externen Dienstleister (z.B. Logistikspediteur) übernommene Aufgabenfeld ist weitaus komplexer, wenn dieser nicht nur den Transport vom Lager bis zum Kunden durchführt, sondern auch für die Lagerhaltung und Kommissionierung der Waren verantwortlich ist.

Fremdbezug von Logistikleistungen bezog sich in der Vergangenheit überwiegend auf Leistungen im Bereich der **Beschaffungslogistik** und der **Distributionslogistik**. Von den Überlegungen einer Fremdvergabe blieb bisher die unternehmensinterne Steuerung der Materialströme ausgenommen. Jedoch zeigen Erfahrungen von Zulieferern der Automobilindustrie, dass auch die Produktionslogistik nicht grundsätzlich vom Zukauf fremden Know-hows und Service frei sein muss.

Ob in einem Unternehmen die Entscheidung für ein eigenes Lager fällt oder die Lagerbewirtschaftung einem Logistikdienstleister übertragen wird, ist für die folgenden Ausführungen nicht entscheidend.

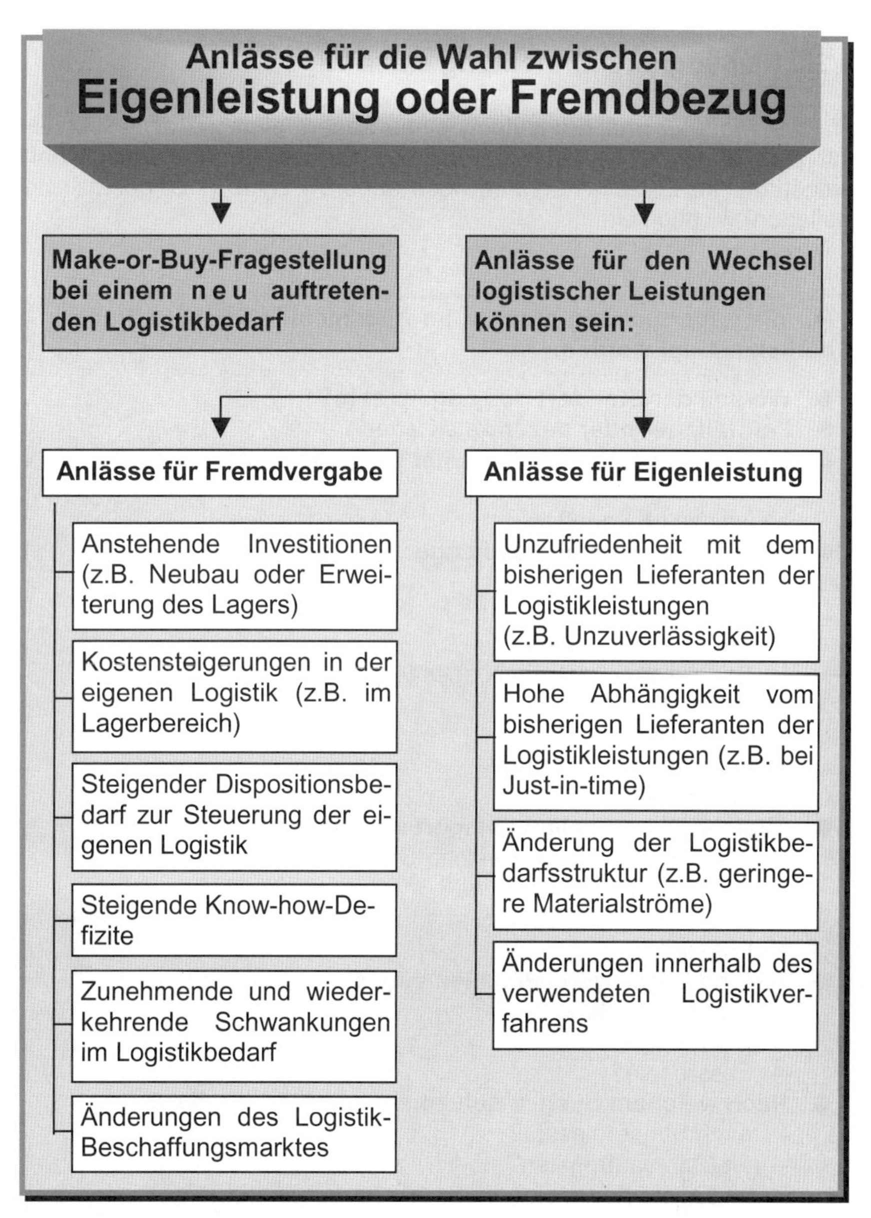

Abbildung 2: Anlässe für die Wahl zwischen Eigenleistung oder Fremdbezug

3.2 Planung und Einrichtung eines Lagers

Für die Planung und Einrichtung eines Lagers sind vielfache Überlegungen erforderlich. Wichtige Punkte sind nachstehend beispielhaft aufgeführt. Im Einzelfall können noch andere Punkte (z.B. gesetzliche Auflagen) wichtig sein.

Für die Lagerplanung müssen im Allgemeinen folgende Punkte berücksichtigt werden:

- **Wo soll der Standort des Lagers sein?**
- **Zentrallager oder dezentrale Lager?**
- **Welche Größe muss das Lager (Lagerkapazität) haben?**
  — wie viele Artikel?
  — welche Mengen?
- **Welche Bauart muss das Lager haben?**
  — offenes Lager?
  — halboffenes Lager?
  — geschlossenes Lager?
  — Speziallager (z.B. Tank oder Silo)?
  — unterkellert?
  — ebenerdig?
  — mit oder ohne Rampe?
  — mehrgeschossig?
- **Welche Waren sollen gelagert werden?**
  — Gefahrgut? Wenn ja, welche Gefahrgutklassen?
  — wassergefährdende Güter?
  — palettierte Ware?
  — Fässer?
- **Welche Lagersysteme sollen verwendet werden?**
  — Palettenregale?
  — Hochregale?
  — Fassregale?
- **Nach welchem System soll kommissioniert werden?**
  —durch Staplereinsatz?
  —mit Durchlaufregalen?
  —mit Lagerautomaten?
  —mit Verschieberegalen?

- **Bewegliche Lagereinrichtungen, z.B.**
  —Gitterboxen?
  —Euro-, Fass- und Industriepaletten?
  —Fassklammern (an den Staplergabeln aufsteckbar)?
  —Stapelkästen (für Kleinteile)?
  —Stapler und andere Transportgeräte
  (z.B. Elektro-Hubwagen)?
- **Raum für Ladestationen, falls batteriebetriebene Transportgeräte eingesetzt werden?**
- **Werden außerdem je nach Bedarf noch andere Lagereinrichtungen benötigt?**

Abbildung 3: Punkte, welche für die Lagerplanung berücksichtigt werden müssen

3.2.1 Die Grundsatzfrage: Zentrallager oder dezentrale Lager?

Dieses ist in zahlreichen Industrie- und Handelsunternehmen bisher die Frage gewesen und wird auch in Zukunft eine entscheidende Frage in allen Unternehmen sein, welche Lagerhaltung betreiben.

Zentrale Lager haben, wie auch dezentrale Lager Vor- und Nachteile. Die Entscheidung für eine dieser beiden Varianten darf jedoch nicht ausschließlich unter materiellen Gesichtspunkten erfolgen.

Wichtig ist, dass durch die Art der Lagerhaltung die eigene Produktion und die Kunden pünktlich beliefert werden.

Die Vor- und Nachteile werden im Folgenden dargestellt.

3.2.1.1 Zentrallager

Die meisten kleineren und mittelgroßen Unternehmen führen ein Zentrallager, aus dem der gesamte Betrieb mit Roh-, Hilfs- und Betriebsstoffen versorgt wird bzw. von welchem die Kunden beliefert werden. Große Unternehmen (z.B. Handelsketten) verfügen vielfach über regionale Auslieferungslager.

Vorteile eines zentralen Lagers sind:

- der Gesamtbedarf ist besser feststellbar,
- die Raumausnutzung ist günstiger,
- die vorhandenen Lagereinrichtungen und Förderfahrzeuge können besser und kostengünstiger genutzt werden,
- die erforderlichen Materialvorräte können niedriger gehalten werden,
- größere Einkäufe senken die Beschaffungskosten (weniger Bestellungen, höhere Mengenrabatte),
- das Personal ist besser einsetzbar und kann entsprechend reduziert werden,
- die Kontrolle bei der Materialannahme und -ausgabe ist einfacher.

Abbildung 4: Vorteile eines zentralen Lagers

Nachteile eines zentralen Lagers:

- Durch längere Wege ist i.d.R. eine schnelle Lieferung zum Kunden nicht möglich.
- Im Allgemeinen entstehen höhere Frachtkosten für den Transport der Ware zum Kunden.
- Kunden können sich – wenn es eilt – die Ware im Zentrallager meist nicht selber abholen.
- Andere Nachteile können im Einzelfall zusätzlich festgestellt werden.

Abbildung 5: Nachteile eines zentralen Lagers

3.2.1.2 Dezentrale Lager

Ist die Entfernung zwischen dem Lager und den Produktionsstätten einerseits und dem Lager und Kunden andererseits groß, kann es sinnvoll sein, dezentrale Lager anzulegen. Dadurch können die Transportwege verkürzt und die Transportkosten vielfach gesenkt werden. Diesen Vorteilen stehen jedoch insgesamt höhere Lagerkosten gegenüber.

Vielfach werden auch besonders zu behandelnde Waren (z.B. Gefahrgüter oder schwere und sperrige Güter) dezentral gelagert.

Dezentrale Lager besitzen weitere Vorteile:

- **Die Abstimmung zwischen dem Lager und der Produktion bzw. Verkauf ist i.d.R. einfacher.**
- **Der Informationsfluss zwischen den Abteilungen ist schneller und damit effektiver.**
- **Dezentrale Lager erlauben besser den Einsatz von Spezialgeräten (Befeuchtung, Bewässerung, Begasung, Heizung, Lüftung) und gewährleisten eine sachgemäße Lagerung.**
- **Die Laufzeiten sind in der Regel günstiger.**
- **Kunden können sich in dringenden Fällen die Ware selbst im dezentralen Lager abholen.**
- **Die Frachtkosten für den Transport zum Kunden und die Laufzeiten sind vielfach günstiger.**

Abbildung 6: Vorteile dezentraler Lager

Nachteile dezentraler Lager sind

- **höhere Gebäudekosten,**
- **höhere Kosten für die Lagereinrichtung,**
- **höhere Kosten für die Warenvorräte,**
- **größerer Personalbedarf,**
- **insgesamt größerer Verwaltungsaufwand und damit höhere Verwaltungskosten,**
- **und weitere individuelle Nachteile.**

Abbildung 7: Nachteile dezentraler Lager

3.2.2 Lagerungstechniken und Arten der Lagerung

Zur Lagerung der verschiedensten Güter stehen die unterschiedlichsten Lagereinrichtungen und -techniken zur Verfügung.

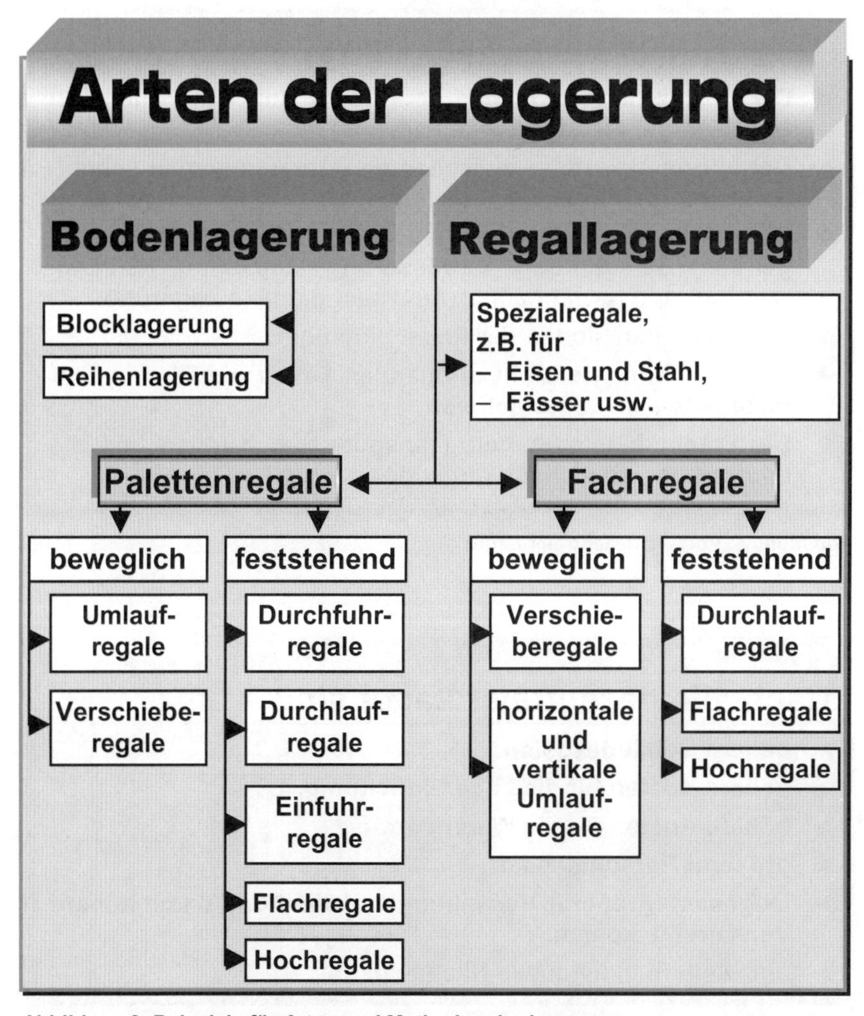

Abbildung 8: Beispiele für Arten und Methoden der Lagerung

Lagertechniken werden in einer großen Vielzahl angeboten. Dadurch ist es oft nicht einfach, die richtigen Lagertechniken herauszufinden.

Bei den angelieferten Verpackungseinheiten (VPE) sind oft sehr große Unterschiede feststellbar; nicht immer werden gleichartige volle Paletten oder gleich große Behälter angeliefert.

Außerdem wird auch bei der flexiblen Lagerhaltung noch „zuviel Luft" gelagert, d.h. zuviel teurer Lagerplatz verschwendet. Trotzdem ist die **flexible Lagerung** (auch **chaotische** Lagerung genannt) dem **Festplatzsystem** (auch **numerische** Lagerung genannt) vorzuziehen, da diese Art der Lagerung bedeutend weniger Platz beansprucht.

Lagersysteme unterscheiden sich in

- **Lagerung nach Festplatzsystem oder flexibler Lagerung**
  und
- **manueller oder rechnergestützter Lagerung (EDV).**

Das zu praktizierende System ist abhängig von der Art der zu lagernden Güter (Artikel oder Teile, Materialien usw.) sowie von der Menge und der Umschlagshäufigkeit.

Abbildung 9: Grundsätzliche Unterscheidungen bei Lagersystemen

3.2.2.1 Lagerung nach Festplatzsystem

Bei der Lagerung nach dem Festplatzsystem ist jedem Artikel ein **eigener, fester Lagerplatz** zugeordnet, der nur mit diesem Artikel belegt werden darf.

Die Einlagerung kann dabei mit aufsteigender Artikelnummer oder nach der Gängigkeit der Ware organisiert sein.

Eine Einlagerung nach aufsteigender Artikel- oder Teilenummer ist nur dann sinnvoll, wenn bei den Artikeln gleichmäßige Bestände und geringe Verbrauchsschwankungen vorliegen. Neu einzulagernde Teile benötigen eine höhere Artikel- bzw. Teilenummer!

Vor- und Nachteile des Festplatzsystems

Vorteile des Festplatzsystems:

— Mitarbeiter kennen die Einlagerungsplätze der einzelnen Artikel,
— kurze Einarbeitungszeit für neue Mitarbeiter.

Nachteile des Festplatzsystems:

— großer Lagerplatzbedarf je Teil für den Maximalbestand,
— bei vielen Artikel- bzw. Teilenummern reicht eine einfache Lagerkartei nicht mehr aus und es ist ein massiver Einsatz von EDV (Hard- und besonders auch Software) erforderlich,
— viele Leerplätze bei geringem Lagerbestand (Luft wird gelagert!).

Abbildung 10: Vor- und Nachteile des Festplatzsystems

Wird nach der Gängigkeit der Artikel eingelagert, kann für jeden Artikel der **transportgünstigste** Lagerplatz gewählt werden. Probleme entstehen, wenn sich die Umschlagshäufigkeit der Artikel ändert, z.B. bei Saison- oder Auslaufartikeln.

3.2.2.2 Flexible Lagerung

Bei der flexiblen Lagerung (auch **chaotische** oder **freie** Lagerung genannt) werden die Artikel dort gelagert, wo ein freier Platz vorhanden ist.

Nur ein kleines Lager (mit wenigen Artikeln / Teilen) kann bei flexibler Lagerung noch manuell organisiert werden. In der Regel ist EDV-Einsatz mit einem leistungsfähigen Lagerverwaltungsprogramm zwingend erforderlich. **Ein Nachteil ist in diesem Zusammenhang, dass bei Ausfall der EDV praktisch nichts mehr im Lager „läuft"!**

Vor- und Nachteile der flexiblen Lagerung

Vorteile der flexiblen Lagerung:

— die vorhandene Lagerfläche kann besser genutzt werden,

— neue Teile können problemlos zusätzlich eingelagert werden,

— die Mitarbeiter brauchen sich keine Lagerplätze für die Teile zu merken, da sie bei Ein- und Auslagerungen Computerausdrucke mit den Lagerorten der Teile erhalten,

— der wechselnde Gebrauch von Artikeln bzw. Teilen kann bei der Platzbelegung berücksichtigt werden.

Nachteile der flexiblen Lagerung:

— Eine entsprechend ausgestattete EDV-Anlage, sowie ein leistungsfähiges Lagerverwaltungsprogramm ist i.d.R. eine Voraussetzung für die flexible Lagerung,

— die Lagerliste ist nur für kurze Zeit aktuell,

— bei Ausfall des Computers ist das Finden der Lagerplätze für bestimmte Artikel (Teile) nahezu aussichtslos,

— den Standort von irrtümlich falsch eingelagerter Ware kann der Computer nicht feststellen. Diese Ware wird erst bei der nächsten Inventur wieder „entdeckt“.

Deshalb sollten bei der flexiblen Lagerung – über die einmal im Jahr gesetzlich vorgeschriebene Inventur hinaus – mehrmals jährlich freiwillige Inventuren (besonders bei Artikeln mit hohem Wert) vorgenommen werden. Anschließend können die Waren umgelagert und erforderliche Korrekturen in der EDV vorgenommen werden.

Abbildung 11: Vor- und Nachteile der flexiblen Lagerung

Die nachstehende Grafik zeigt die Vor- und Nachteile der

- **Festplatzlagerung und**
- **flexiblen Lagerung**

in einer Gegenüberstellung.

Lagerungstechniken für Regallagerung

System	Fester Regalplatz	Flexible Lagerung
Merkmal:	▶ Starre Zuordnung zwischen dem Artikel und Lagerort	▶ flexible Zuordnung der Artikel zum jeweiligen Lagerort
Vorteile des Systems:	▶ Alle Rohstoffe und Artikel bekommen für eine optimierte Kommissionierung die günstigsten Lagerplätze	▶ Sortiments-/Mengenänderungen sind schnell und ohne einen großen Aufwand immer leicht möglich
	▶ Übersichtlichkeit im Lager	▶ geringerer und optimierter Lagerraum
	▶ Leichtes Finden der einzelnen Artikel	
	▶ Bestandsüberblick ist durch Augenschein möglich	
Nachteile des Systems:	▶ Hoher Lagerraumbedarf, dadurch höhere Lagerkosten	▶ Bestandsübersicht nicht durch Augenschein möglich
	▶ Eine Umstellung des Systems ist schwierig und mit hohen Kosten verbunden	▶ Auffinden der Artikel fast nur durch Lagerplatzvorgabe durch die EDV
		▶ Hoher Aufwand für Organisation / EDV

Abbildung 12: Vor- und Nachteile des Festplatzsystems und der flexiblen Lagerung im Vergleich

3.2.2.3 Regallager

In Regallagern werden die Güter in Regalen der verschiedensten Varianten gelagert. Die Regale stehen auf dem Lagerboden und sind mit diesem i.d.R. fest verankert. Regale werden überwiegend aus Stahl gefertigt, aber auch Beton oder Holz kommen zum Einsatz.

Regale erlauben eine übersichtliche Einlagerung der Lagereinheiten (z.B. Paletten, Gitterboxen, Fässer etc.). Sie haben den Vorteil, dass sie dem Lagergut angepasst werden können und auch für nicht stapelbare Güter bestens als Lagermedium geeignet sind. Auf die verschiedenen Regalarten wird nachfolgend näher eingegangen.

Palettenregale

Palettenregale dienen der Lagerung von palettierten Gütern und enthalten weit überwiegend keine Regalböden, sondern Auflageträger, auf welchen die Paletten abgesetzt werden.

Begriffe wie

- Paletten-Fachregallager (bis ca. 7 m Höhe),
- Paletten-Regallager (bis ca. 15 m),
- Paletten-Hochregallager (bis zu 45 m Höhe),

unterscheiden sich nach der Bauhöhe des jeweiligen Lagers.

Abbildung 13: Begriffserklärung für die verschiedenen Arten von Palettenlagern

Palettenlager sind allgemein zur Lagerung großer Mengen eines Artikels innerhalb eines größeren Sortiments geeignet. Paletten-Regallager bedingen hohe Investitionskosten. Diesen stehen jedoch zahlreiche Vorteile gegenüber (→ Abbildung 14).

Zur Ein- und Auslagerung werden Gabelstapler, Hochregalstapler, Stapelkräne und Regalförderzeuge u.a. eingesetzt.

Vorteile eines Paletten-Regallagers sind u.a.:

- anpassungsfähig an die verschiedensten Lagergüter,
- gute Flächen- und Raumauslastung,
- schneller und direkter Zugriff auf die einzelnen gelagerten Güter,
- einfache Bestandskontrolle und Inventur durch Augenschein möglich,
- eine spätere Automatisierung ist i.d.R. nachträglich möglich.

Abbildung 14: Paletten-Regallager / Vorteile eines Paletten-Regallagers

Fachbodenregale

Fachbodenregale haben den Vorteil, dass die Fachböden leicht versetzt und dadurch die Fachhöhe verändert werden kann. Sie werden vorzugsweise für unpalettiertes Lagergut verwendet und eignen sich u.a. für die Lagerung von einzelnen Kartons, Packungen und Kleinteilen in Kästen, Schubladen usw.

Abbildung 15: Beispiel für Fachbodenregale

Vor- und Nachteile von Fachbodenregalen

Vorteile von Fachbodenregalen sind,

- **dass ein schneller und direkter Zugriff auf jeden Artikel möglich ist;**
- **dass Höhenveränderungen jederzeit erfolgen können und damit eine schnelle Anpassung an die verschiedensten Güter möglich ist;**
- **eine gute Übersicht.**

Nachteile von Fachbodenregalen sind,

- **die aufgrund der Bauart begrenzte Tragfähigkeit;**
- **der hohe Flächenbedarf;**
- **der hohe Personalaufwand bei manueller Bedienung.**

Abbildung 16: Vor- und Nachteile von Fachbodenregalen

Durchlaufregale

Durchlaufregale können bei Palettenregalen oder Fachbodenregalen Anwendung finden.

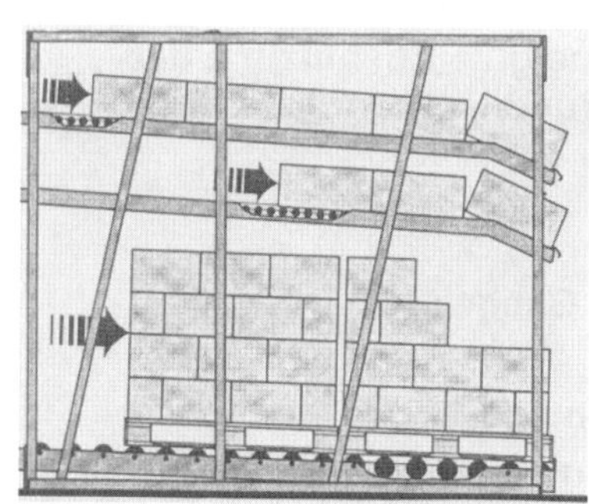

Abbildung 17:
Beispiel für ein Durchlaufregal

Bei Durchlaufregalen erfolgt die Ein- und Auslagerung an verschiedenen Seiten. Das Lagergut liegt hintereinander und bewegt sich entweder durch Schwerkraft oder durch Antriebselemente.

Als Antrieb dienen z.B.

- ► Fachböden für leichte Güter,
- ► Röllchenbahnen für mittlere und schwere Güter sowie
- ► Tragrollen für schwere Lasten.

Verschieberegale

Verschieberegale sind verschiebbare Regalanlagen. Das Regal mit dem Lagergut kann bewegt werden.

Am Anfang und Ende der Verschieberegalanlage ist je ein Endregal fest verankert. Dazwischen kann eine große Anzahl von Regalen in gleicher Richtung verschoben werden.

Das Verschieben erfolgt entweder
- ▶ **durch Motorantrieb, mit Hilfe umlaufender Ketten oder**
- ▶ **manuell von Hand durch ein Drehrad.**

Die Bedienung der Verschieberegale erfolgt entweder manuell oder durch Stapler.

Quelle: Constructor Lagertechnik, Wipperfürth

Verschieberegale haben die folgenden Vor- und Nachteile:

Vorteile des Systems sind
- **kurze Arbeitswege,**
- **ein direkter Zugriff und**
- **eine gute Ausnutzung der Grundfläche.**

Nachteile des Systems sind
- **die Wartezeit für die Öffnung des Ganges,**
- **hohe Investitionskosten,**
- **umfangreiche Sicherheitsauflagen und**
- **die regelmäßigen Wartungskosten.**

Abbildung 18: Vor- und Nachteile einer Verschieberegalanlage

Hochregallager (HRL)

Hochregallager eignen sich besonders für die Lagerung großer Mengen (je Artikel und Sortiment) für leichtes bis mittelschweres Gut und je nach Fördertechnik für Güter mit mittlerer bis hoher Umschlagtechnik.

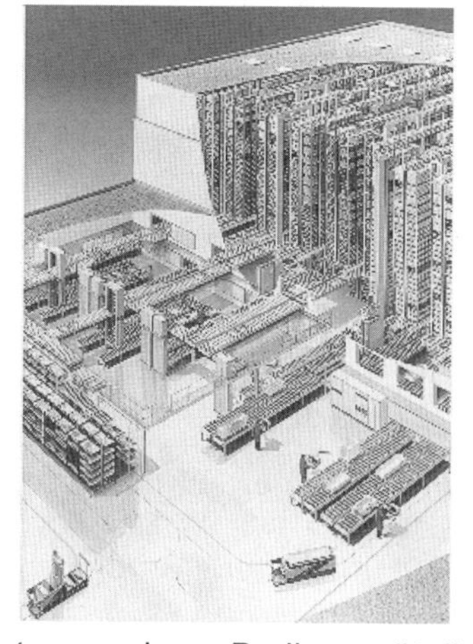

Abbildung 19: Querschnitt eines HRL mit Fördertechnik
Quelle: MAN Logistics GmbH, Heilbronn

Im Gegensatz zum üblichen Kompaktlager ist bei einem Hochregallager jeder Palettenplatz im direkten Zugriff des **Regalbediengerätes (RBG),** welches zur Kategorie der Regalförderzeuge (RFZ) gehört. Die RBG arbeiten automatisch durch Computersteuerung, können aber auch halbautomatisch oder manuell bedient werden. In den einzelnen Regalgängen ist beim HRL i.d.R. jeweils ein Regalbediengerät tätig. Bei manueller Flursteuerung steuert die mitgehende Person über Tasten an einem Bediengerät die Ein- und Auslagerungen.

Abbildung 20: autom. Hochregallager mit Regalbediengerät
Quelle: Köttgen Lagertechnik, 51503 Rösrath

Um möglichst viele Lagereinheiten (LE) pro Bediengerät zu erreichen, werden Hochregallager bis zu 40 m Höhe (vereinzelt auch noch höher) gebaut. Je höher ein HRL ist, desto teurer wird die Regal- und RBG-Konstruktion und die Leistung des RBG nimmt ab. Außerdem können sich Probleme mit der Baugenehmigung ergeben. Bei den meisten HRL befindet sich die Ein- und Auslagerung an der Stirnseite. Am Einlagerungspunkt werden Lagereinheiten (LE) vom Fördersystem an das RBG übergeben, wo sich auch der I-Punkt[1] zur Waren- und Konturenkontrolle befindet. Bei der Auslagerung übernimmt das Fördersystem am K-Punkt[2] die Ladeeinheiten bzw. die Lagerware vom RBG. Dort wird überprüft, ob die richtige LE ausgelagert wurde.

[1] Identifikationspunkt
[2] Kontrollpunkt

Vor- und Nachteile von Hochregallagern

HRL haben Vorteile durch

- eine gute Ausnutzung der Flächen und der Höhe,
- einen geringen Personalbedarf,
- eine leichte Anpassung an geänderte Warensortimente,
- gute Kommissioniermöglichkeit bei Einsatz geeigneter Fördermittel (z.B. Regalbediengeräte),
- direkten Zugriff auf die einzelnen Paletten bzw. LE und
- eine schnelle Ein- und Auslagerung.

Nachteile bei HRL ergeben sich durch

- eine umfangreiche und damit aufwendige Planung vor der Inbetriebnahme des HRL,
- hohe Investitionskosten (Baukosten / teure Lagertechnik),
- eine begrenzte Ausbaufähigkeit des Lagers,
- die speziellen Fördermittel, welche nur in diesem Bereich eingesetzt werden können,
- den Stillstand bei Ausfall des Computers und der RBG,
- hohe Wartungskosten für die Lagertechnik.

Abbildung 21: Vor- und Nachteile bei Hochregallagern

3.2.2.4 Regallose Lagerung (sog. Bodenlagerung / Blocklagerung)

Die regallose Bodenlagerung bzw. Blocklagerung ist eine weitere Lagerform und eignet sich besonders dann, wenn eine große Anzahl der gleichen Ware im Zusammenhang gelagert werden soll. Bei der Blocklagerung unterscheidet man die Begriffe: **Stapelplatz, Stapelzeile, Stapelblock, Stapelgang und Stapelfeld.**

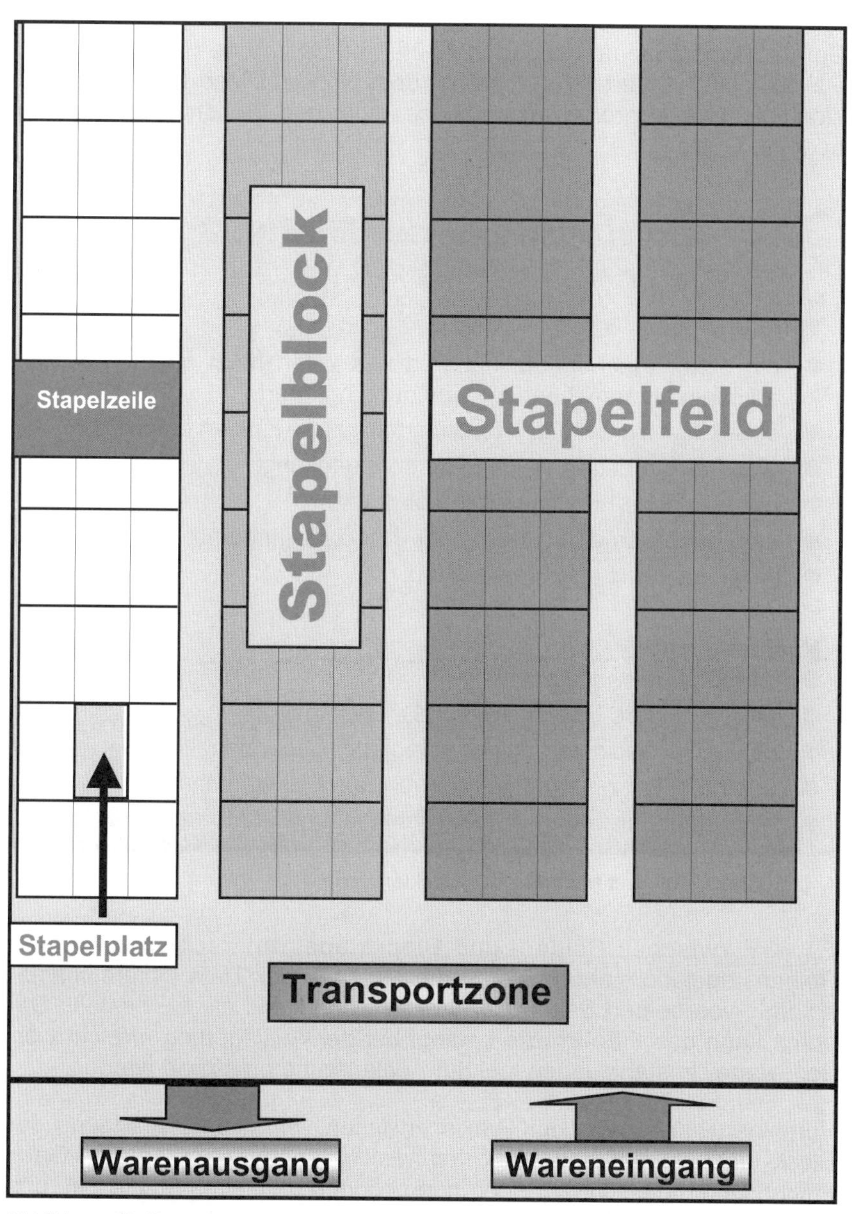

Abbildung 22: Grundriss eines Blocklagers

Bei der Bodenlagerung liegen die Güter mit oder ohne Hilfsmitteln (z.B. Paletten oder Gitterboxen) lose auf dem Boden. Diese Lagerart eignet sich u.a. für eine große Anzahl gleichartiger und für schwere oder sehr sperrige Güter.

Vor- und Nachteile der Bodenlagerung

Vorteile sind:

- ein hoher Flächennutzungsgrad und wenn hoch gelagert wird, auch ein entsprechender Raumnutzungsgrad,
- eine Lagereinrichtung ist nicht erforderlich (Kosten entfallen),
- eine flexible Lagerung und Flächenaufteilung,
- eine einfache Erweiterungsmöglichkeit,
- eine Lagerung als Reihen- oder Blocklagerung und
- eine einfache Lagerorganisation.

Nachteile sind:

- ein hoher Personalbedarf,
- eine geringere Übersicht über die Bestände,
- eine Kommissionierung nur kompletter Lagereinheiten,
- das FiFo-Prinzip kann nur schwer beachtet werden,
- eine Mechanisierung ist praktisch kaum möglich.

Abbildung 23: Vor- und Nachteile der Blocklagerung

Es wird zwischen Reihen- und Blockstapel unterschieden. Bei der Reihenstapelung stehen zwei Stapelsäulen in der Tiefe hintereinander, so dass von beiden Seiten ein direkter Zugriff auf die LE besteht. Dadurch kann das FiFo-Prinzip bedingt bei der Auslagerung erreicht werden, wenn Umstapelungen bei der Auslagerung praktiziert werden.

Vorteilhaft hat sich in der Praxis erwiesen, wenn die Anordnung der Block- und Reihenstapel nicht rechtwinklig, sondern schräg zum Gang erfolgt. Durch die schräge Anordnung können die Zeiten für die Ein- und Auslagerung gesenkt werden, die Raumausnutzung ist aber geringer.

3.2.2.5 Beispiele für andere Lagerungstechniken

Über die bisherigen Lagerungstechniken hinaus, werden je nach Lager- oder Sortimentsgröße, Mengen der Lagereinheiten und der Art der Ware noch andere Techniken praktiziert. Diese werden nachstehend beispielhaft kurz angesprochen.

Umlaufregale

Umlaufregale sind **bewegliche** Lagereinrichtungen, welche horizontal oder vertikal betrieben werden. Die Punkte für die Beschickung und die Entnahme liegen fest. Für die Ein- und Auslagerung werden die Regale in einem periodischen Umlauf – horizontal oder vertikal – zum Kommissionierplatz gebracht.

Vielleicht kennen Sie aus älteren Gebäuden das Aufzugsystem des Paternosters? Oder haben Sie in einem Teppich- oder Baumarkt ein Umlaufregal, sog. Paternosterregal, gesehen, in dem schwere Teppichballen auf Knopfdruck vertikal in Umlauf gebracht werden können?

Abbildung 24: Beispiel für vertikale (Schrank-)Umlaufregale für Kleinteile
Quelle: Constructor Lagertechnik GmbH, 51688 Wipperfürth

Lagerung auf Stetigförderern

Diese Form der (Zwischen-)Lagerung ist nur im Rahmen des Produktionsprozesses in Industriebetrieben von Bedeutung.

Stetigförderanlagen erfüllen z.B. die Aufgabe
- **die Materialien von Arbeitsplatz zu Arbeitsplatz zu befördern und**
- **der Lagerung der Materialien, bis der nächste Arbeitsvorgang ausgeführt werden kann.**

Horizontal-Karussell (Horizontal-Umlauflager)

Der Begriff Lagerung trifft für „Horizontal-Karussells" nur bedingt zu. Die Einsatzbereiche von Horizontalkarussells liegen besonders im Bereich der Produktion, Montage und auch Kommissionierung.

Abbildung 25: Beispiel für eine Horizontal-Karussellanlage

Quelle: Constructor Lagertechnik, 51676 Wipperfürth

Langgutlager und Blechlager

Wenn Langgut oder Bleche verarbeitet werden, sollte die rationellste Art der Lagerung und des Transports untersucht werden. Zur Lagerung wird, trotz des geringen Volumens, enorm viel Platz benötigt. Die Lagerung, das Handling und der Transport innerhalb des Betriebes sind umständlich und aufwendig, da das Material unhandlich ist.

Für die Lagerung von Langgut (z.B. Rundstahl) und Blechen muss das Lager aufgrund der Warenstruktur individuell geplant und eingerichtet werden (z.B. Kragarmregale für Profile, Rohre oder Eisenstäbe).

3.3 Nummerierungstechniken

3.3.1 Nummerierungstechniken für Regale / Lagerplätze

Damit die gelagerte Ware eindeutig identifiziert werden kann, müssen die einzelnen Lagerplätze in den Regalen nach einem bestimmten System gekennzeichnet werden. Hierfür bieten sich die verschiedensten Methoden an.

Ein Nummerierungssystem für Regallagerplätze könnte z.B. wie folgt praktiziert werden:

- **Regalnummer**
- **Regalebene**
- **Platznummer**

Die Regale in der Lagerhalle werden entweder mit Buchstaben und / oder mit Zahlen gekennzeichnet.

Die Nummern der Palettenplätze sind in allen Ebenen gleich (z.B. von links nach rechts laufend durchnummeriert, 01 bis .....):

Ebene 5	01	02	03	04	05	06	07	08	09	
Ebene 4	01	02	03	04	05	06	07	08	09	
Ebene 3	01	02	03	04	05	06	**07**	08	09	
Ebene 2	01	02	03	04	05	06	07	08	09	
Ebene 1	01	02	03	04	05	06	07	08	09	

Aus der Regalnummer + der Ebene + der Platznummer entsteht in j e d e r Lagerhalle die Nummer des jeweiligen Palettenstellplatzes. Die Nummer eines Stellplatzes ist in j e d e r Lagerhalle ein Unikat.

Gibt es mehrere Lagerhallen, können diese mit Zahlen oder auch mit Buchstaben gekennzeichnet werden. Werden drei Lagerhallen z.B. mit Halle 1, 2 und 3 gekennzeichnet und die Ware ist in Halle 1 gelagert, dann heißt die Nummer des vorgenannten Palettenstellplatzes:

Ein Regalplatz kann auch unterteilt werden.

Wenn der Palettenstellplatz 07 (in Halle 1, Regal 1 und Ebene 3) in 4 Fächer (z.B. für einzelne Kartons) aufgeteilt werden soll, kann die Identifikation und Nummerierung z.B. wie folgt sein:

07 | **1**	07 | **2**
07 | **3**	07 | **4**

Die Platznummer wird jetzt jedoch um eine Stelle größer!

Bei vorgenanntem Beispiel sind aus dem Regalplatz 07 vier Fächer mit den Nummern 07/1 bis 07/4 entstanden.

Der Lagerplatz für die Ware im Regal**fach** 4, in Halle 1, Regal 1, Ebene 3, Regalplatz 07, lautet jetzt:

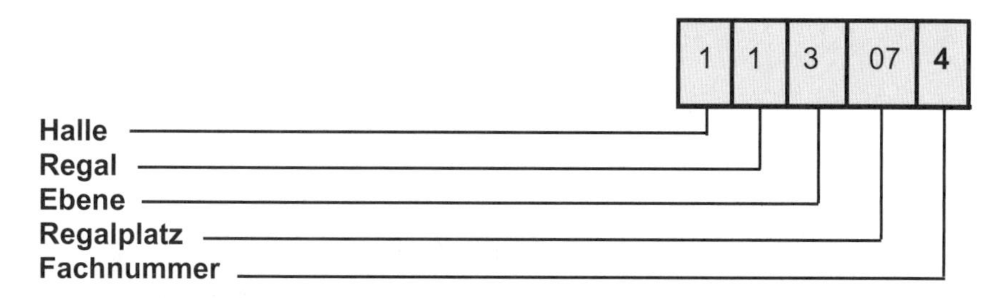

Wichtig:

Je größer die Nummer des Lagerplatzes der Ware ist, desto größer ist die Gefahr einer falschen Eingabe, z.B. in der EDV oder durch Zahlendreher bei der Ein- und Auslagerung.

Deshalb kann es sinnvoll sein, den Lagerplatz nicht nur durch eine Zahl zu kennzeichnen. Beim vorgenannten Beispiel könnte z.B. die Lagerhalle und/oder das Regal auch mit einem Buchstaben gekennzeichnet werden. **In der Praxis hat sich eine Kombination aus Buchstaben und Nummern bewährt.**

Beispiel für eine Buchstaben-Nummern-Kombination des Lagerplatzes:

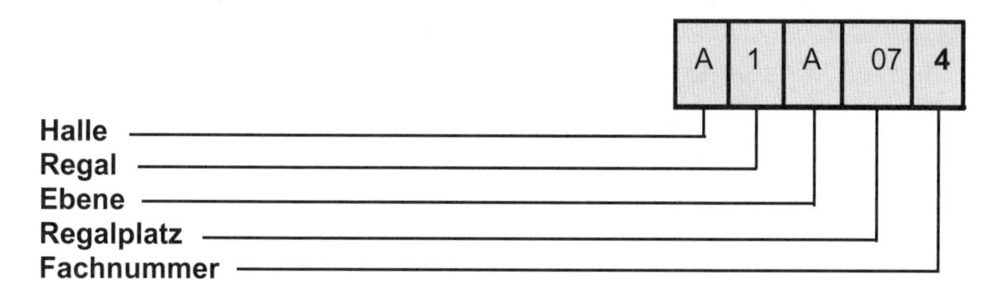

3.3.2 Nummerierungstechniken für Artikel

Wie Sie wissen, ist bei einem Kraftfahrzeug alles Wesentliche bezüglich des Fahrzeugs aus der langen Fahrgestellnummer zu entnehmen. E-benso kann man aus einer Artikelnummer (oft 15-stellig und größer), wenn der Code bekannt ist, umfangreiche Informationen entnehmen.

Wie eine Artikelnummer aufgebaut werden kann, soll Ihnen an nachfolgendem einfachen Beispiel erläutert werden.

Beispiel für die Festlegung von Artikelnummern

Ein Weinhändler hat regelmäßig 20 Sorten Wein der verschiedensten Jahrgänge auf Lager. Der Einkauf wird regelmäßig bei 5 Lieferanten vorgenommen.

Außerdem werden 3 nebenberufliche Außendienstmitarbeiter beschäftigt. Diese erhalten unterschiedliche Provisionen.

Aufgabenstellung:

Für alle Artikel soll eine Artikelnummer festgelegt werden, welche nicht nur den Artikel kennzeichnet, sondern auch andere Informationen (z.B. für die Lagerung, den Verkauf, die Abrechnung etc.) liefert.

Welche Informationen sollten beispielsweise in diesem Musterfall aus der Artikelnummer hervorgehen?

Sinnvoll könnten folgende Angaben sein:

❶ Bezeichnung — ❷ Art — ❸ Herkunft — ❹ Jahrgang
❺ Liefermonat und Jahr — ❻ Lieferantencode

Weitere Daten sind in der Praxis denkbar.

Abbildung 26: Aufgabenstellung und Daten zur Bildung einer Artikelnummer

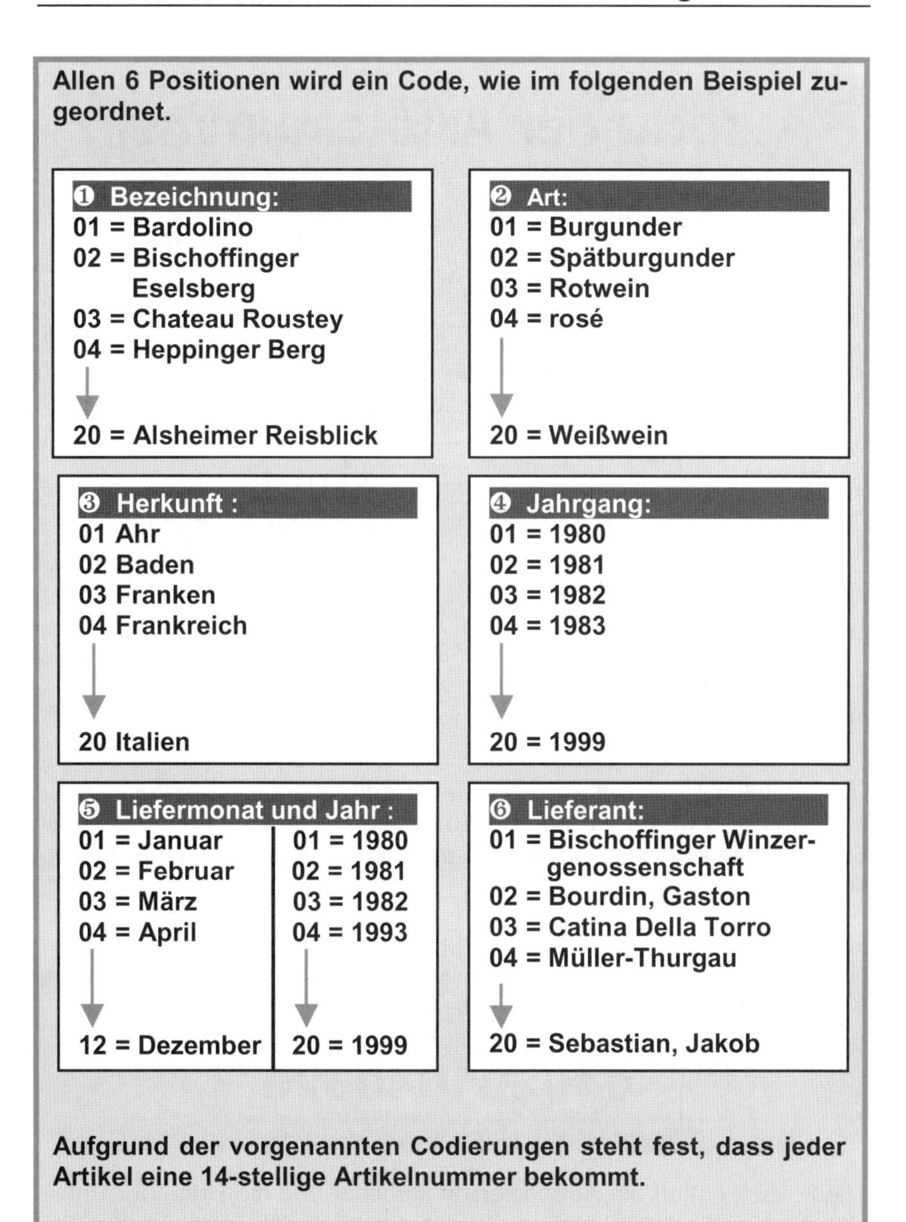

Allen 6 Positionen wird ein Code, wie im folgenden Beispiel zugeordnet.

➀ Bezeichnung:
01 = Bardolino
02 = Bischoffinger Eselsberg
03 = Chateau Roustey
04 = Heppinger Berg
↓
20 = Alsheimer Reisblick

➁ Art:
01 = Burgunder
02 = Spätburgunder
03 = Rotwein
04 = rosé
↓
20 = Weißwein

➂ Herkunft :
01 Ahr
02 Baden
03 Franken
04 Frankreich
↓
20 Italien

➃ Jahrgang:
01 = 1980
02 = 1981
03 = 1982
04 = 1983
↓
20 = 1999

➄ Liefermonat und Jahr :

01 = Januar	01 = 1980
02 = Februar	02 = 1981
03 = März	03 = 1982
04 = April	04 = 1993
↓	↓
12 = Dezember	20 = 1999

➅ Lieferant:
01 = Bischoffinger Winzergenossenschaft
02 = Bourdin, Gaston
03 = Catina Della Torro
04 = Müller-Thurgau
↓
20 = Sebastian, Jakob

Aufgrund der vorgenannten Codierungen steht fest, dass jeder Artikel eine 14-stellige Artikelnummer bekommt.

Abbildung 27: Codes für die im Beispiel festgelegten 6 Bereiche

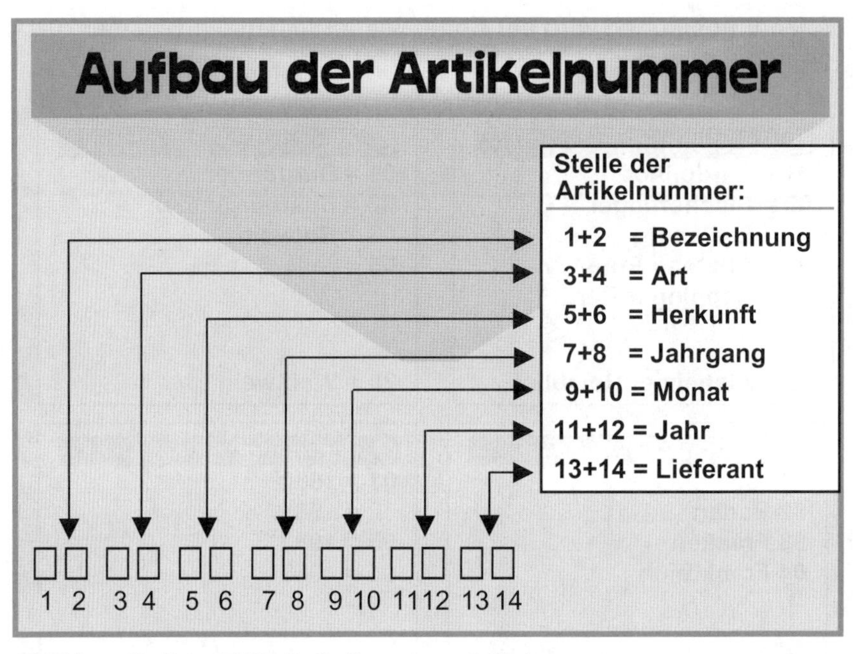

Abbildung 28: Beispiel für die Codierung von Artikelnummern

Die Festlegung der Daten, welche als Codierung in die Artikelnummer aufgenommen werden sollen, (→ Abbildung 26) und die Festlegung der Codes waren eine wichtige Voraussetzung und Vorarbeit für die Bildung der Artikelnummern.

Für den Wein „Heppinger Berg“, „Spätburgunder“, aus dem Anbaugebiet „Ahr“, Jahrgang „1983“, der im „März 1999“ vom Lieferanten „Jakob Sebastian“ geliefert wurde, lautet die Artikelnummer:

Theoretisch hätten die Außendienstmitarbeiter und die Höhe der Provision auch in die Artikelnummer übernommen werden können, aber diese Daten sind sinnvollerweise in der Kundennummer zu integrieren.

3.4 Interner Materialfluss

Der interne Materialfluss ist die innerbetriebliche Versorgungskette eines Unternehmens. Dieser gehört zur Aufgabenstellung der Materialwirtschaft und ist ein wichtiger Teilbereich der Unternehmenslogistik.

3.4.1 Materialflussplanung und -optimierung

Die Bewegungen innerhalb des Materialflusses sind nicht zu vermeiden. Der Materialfluss muss aber regelmäßig optimiert, verbessert und reduziert werden.

Aufgabe des Materialflusses ist es,

- die richtige Ware,
- in der richtigen Menge,
- in der richtigen Verpackung,
- zur richtigen Zeit,
- mit dem richtigen Transportmittel,
- lade-, produktions- und lagergerecht zum
- richtigen Ort

zu bringen.

Grundlage für eine optimale Bestellmenge (wirtschaftliche Losgröße) ist entweder die

Bestelleinheit, Lagereinheit, Produktionseinheit, Transporteinheit oder Versandeinheit.

Der Materialfluss ist grundsätzlich eine Dienstleistungsfunktion, da das Material oder Produkt während des Transports nicht bearbeitet, geformt, gestaltet oder verändert wird. Trotzdem hat der Materialfluss einen unmittelbaren (d.h. direkten) Einfluss auf die Kosten und den Gewinn. Deshalb müssen die Transportmethoden ständig überprüft und verbessert werden.

Die inner- und außerbetriebliche Materialflusskette zeigt Abbildung 29 im Zusammenhang.

Abbildung 29: Inner- und außerbetriebliche Materialflusskette

Verbesserung des Materialflusses

Für das Vorhaben, den Materialfluss systematisch zu verbessern, sollten die nachstehenden Punkte beachtet werden:

- **Höhere Produktionskapazität**
  Die Produktionskapazität erhöht sich, wenn
  - die Arbeitsabläufe zügiger gestaltet werden,
  - die effektive Produktionsmenge je Arbeitsstunde steigt,
  - die Maschinenleistung durch eine Verringerung von Stillstandszeiten erhöht wird.
- **Weniger Ausschuss**
  Die Reduzierung des Ausschusses ist ein wichtiger Faktor. Zur Erreichung dieses Ziels muss
  - eine genaue Kontrolle über alle Ein- und Auslagerungen praktiziert werden,
  - der Materialfluss flexibel sein und die besondere Behandlung für jedes Fördergut berücksichtigen,
  - eine Transportart angewendet werden, welche verhindert, dass das Material beschädigt wird.
- **Niedrigere Kosten**
  Die Kosteneinsparungen betreffen alle Abteilungen eines Unternehmens. Sie sind zu erreichen durch
  - weniger Einzeltransporte,
  - eine optimale Lagerhaltung,
  - eine bessere Ausnutzung des Raumes,
  - Vermeidung von Schäden bei den Transporten,
  - eine Reduzierung der Verlustquoten durch entsprechend gut organisierte Transporte,
  - eine Erhöhung der Produktivität des Unternehmens.
- **Erhöhung der Produktivität**
  Dieses Ziel kann durch einen verbesserten Materialfluss und
  - die Beschäftigung der Mitarbeiter mit produktiver Arbeit, statt mit vermeidbarem Transportieren von Gütern,
  - die Schaffung unfallsicherer Arbeitsplätze,
  - eine geringere Beanspruchung der Mitarbeiter und damit
  - eine größere Motivation für alle Beschäftigten

  erreicht werden.

Abbildung 30: Maßnahmen, welche das Ziel eines verbesserten Materialflusses verwirklichen können

Kennzahlen des Materialflusses

Anteil der Transportarbeit in %	$\frac{\text{Beim Materialtransport eingesetzte Mitarbeiter}}{\text{Gesamtbelegschaft}} \times 100$
Verlust der produktiven Arbeitszeit in %	$\frac{\text{Für Materialtransport aufgewendete produktive Arbeitszeit}}{\text{Gesamte produktive Arbeitszeit}} \times 100$
Materialbewegung/Produktionsverhältnis in %	$\frac{\text{Gesamtzahl der Materialbewegungen}}{\text{Gesamtzahl der prod. Arbeitsvorgänge}} \times 100$
Durchlaufleistungsgrad in %	$\frac{\text{Summe der produktiven Fertigungszeit}}{\text{Durchlaufzeit im Produktionssystem}} \times 100$
Raumnutzungsgrad in %	$\frac{\text{Genutzter Raum}}{\text{möglicher Nutzraum}} \times 100$
Anlagennutzungsgrad in %	$\frac{\text{Tatsächlicher Ausstoß}}{\text{Theoretische mögliche Kapazität}} \times 100$
Flächenpotential der Hallengänge in %	$\frac{\text{Derzeitige Verkehrsfläche der Halle abzüglich des theoretischen Minimums}}{\text{Derzeitige Verkehrsfläche der Halle}} \times 100$

Richtlinien und Ziele sollten hierfür immer vorgegeben werden.

Abbildung 31: Kennzahlen des Materialflusses

3.4.2 Innerbetriebliche Transportsysteme und -techniken

Durch den innerbetrieblichen Materialfluss wird das Material bzw. die Produktionsware innerhalb des Unternehmens befördert. Zum innerbetrieblichen Transport werden die verschiedensten **Förderhilfsmittel** (z.B. Paletten, Gitterboxen, Kartons usw.) und **Fördermittel** eingesetzt.

Bei der Anschaffung der Fördermittel muss darauf geachtet werden, dass diese für den innerbetrieblichen Transport geeignet sind. Dabei sind die in Abbildung 32 genannten Punkte zu beachten und zu berücksichtigen.

Fragen und Anforderungen für die Anschaffung und den Einsatz von Fördermitteln

Fragen:

- **Welche Güter müssen regelmäßig befördert werden?**
- **Welche Mengen fallen regelmäßig zur Beförderung an?**
- **Über welche innerbetriebliche Sektionen (= Förderstrecken) müssen die Güter befördert werden?**
- **Müssen bei der innerbetrieblichen Beförderung ggf. gesetzliche Vorschriften (z.B. für Gefahrgut) beachtet werden?**

Anforderungen:

Zu den Anforderungen an Fördermittel zählen
- **ein optimaler Einsatz und**
- **eine wirtschaftliche Nutzung (z.B. geringe Einsatzkosten),**
- **eine leichte Anpassung an betriebliche Veränderungen,**
- **kurze Transportzeiten und**
- **wenig Leerfahrten.**

Abbildung 32: Fragen und Anforderungen für den Einsatz betrieblicher Fördermittel

Damit die vorgenannten Ansprüche erfüllt werden, müssen geeignete Fördermittel ausgewählt und eingesetzt werden. Bei den Fördermitteln unterscheidet man zwischen **Stetigförderern** und **Unstetigförderern**. Die Fördermittel werden anschließend dargestellt.

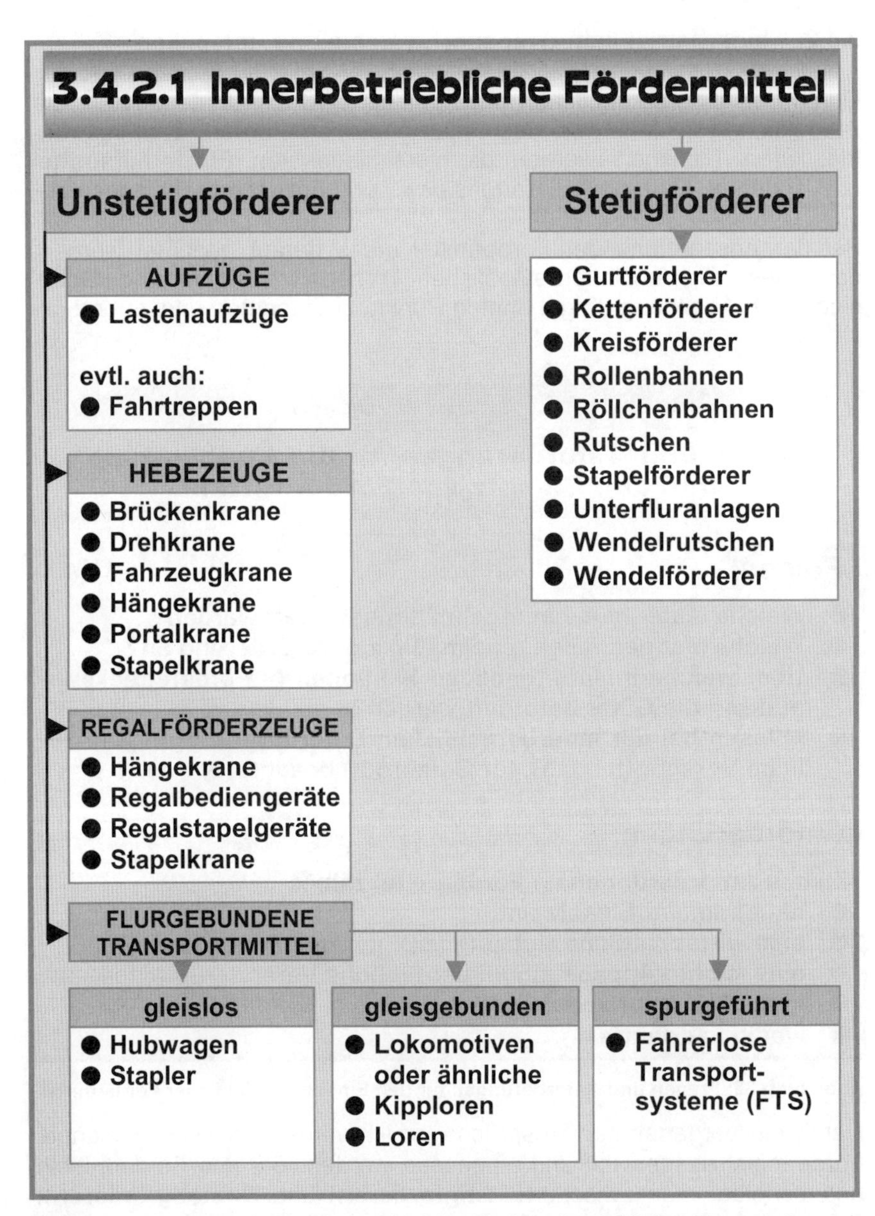

Abbildung 33: Beispiele für Fördermittel für den innerbetrieblichen Transport

3.4.2.2 Unstetige Fördermittel

Unstetigförderer

Unstetigförderer sind die klassischen Fördermittel für den innerbetrieblichen Transport. Sie werden, wie der Name schon sagt, unstetig, d.h. unbeständig und bedarfsweise eingesetzt. Sie sind i.d.R. nicht ortsgebunden und können deshalb sehr flexibel, auch bei Veränderungen der Lagerorganisation, eingesetzt werden.

Hebezeuge

Zu den flurfreien Fördermitteln zählen die Hebezeuge, welche den Deckenraum nutzen und deshalb keine eigene Bodenfläche beanspruchen (z.B. Deckenkrane).

Quelle: Mannesmann Dematic AG, Wetter

Regalförderzeuge

autom. RGB

Quelle: Constructor Lagertechnik

Bei den Regalförderzeugen (RFZ) muss zwischen **regalunabhängigen** und **regalabhängigen** Förderzeugen unterschieden werden. Diese fahren in Längsrichtung zwischen den Lagerregalen. Zu den unabhängigen Regalförderzeugen gehören in erster Linie die verschiedensten Arten von Staplern, während die regalabhängigen Förderzeuge fest mit der Regalanlage verbunden sind. Bei den regalabhängigen Förderzeugen befindet sich des Öfteren im Mast ein beweglicher Bedienungsstand für eine mitfahrende Person.

In Hochregallagern werden i.d.R. automatische, computergesteuerte Regalbediengeräte (RGB) eingesetzt.

Gleislose Flurförderzeuge

Zu den gleislosen Flurförderzeugen gehören z.B. Stapler und Hubwagen. Sie verbinden eine große Flexibilität mit einem verhältnismäßig niedrigen Investitionsaufwand.

3.4.2.3 Stetigförderer

Stetigförderer (stetig = ununterbrochen, dauernd) kommen besonders dann zum Einsatz, wenn große Stückzahlen regelmäßig befördert werden müssen. Sie haben einen festgelegten, gleichbleibenden Förderweg. Im Allgemeinen wird das zu befördernde Gut auf den sich bewegenden Stetigförderer(z.B. Transport- und Sortieranlagen) gelegt oder von diesem entnommen.

Die Vorteile von Stetigförderern liegen auf der Hand:

- **ein hoher Automatisierungsstand,**
- **eine dauernde Förderbereitschaft,**
- **ein niedriger Personalbedarf und**
- **praktisch keine Leerfahrten.**

Die Nachteile von Stetigförderern liegen in ihrer Ortsgebundenheit, mangelnden Flexibilität und den i.d.R. hohen Investitionskosten.

3.4.2.4 Fahrerlose Transportsysteme (FTS)

Fahrerlose Transportsysteme (FTS) werden hauptsächlich in Großunternehmen und vielfach in Hochregallagern eingesetzt.

Quelle: Mannesmann Dematic AG, Wetter

Die fahrerlosen Transportwagen, auch Teletraks genannt, werden durch im Boden verlegte Induktionsschleifen von einem Computer gesteuert und zum entsprechenden Zielplatz geleitet.

Bei einer geregelten Materialbereitstellung an festen Stellplätzen führen die Fahrzeuge den Lastwechsel automatisch aus. Freie und besetzte Plätze werden von der Software verwaltet. Bei unregelmäßiger Bereitstellung, z.B. im Wareneingang oder im Kommissionierbereich, können die Fahrzeuge von Hand zu beliebiger Stelle geführt werden. Anschließend setzen sie den fahrerlosen Transport fort.

Die batteriebetriebenen FT-Systeme sind i.d.R. bei einer Fahrgeschwindigkeit von 60 m/Minute für Europaletten bis 1000 kg Gewicht geeignet.

3.4.2.5 Beispiele für Fördermittel

Quelle der Abbildungen: Jungheinrich AG, Hamburg

Elektro-Deichselstapler

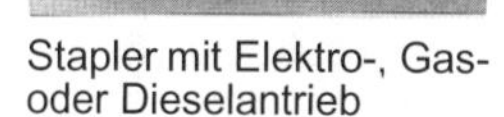

Stapler mit Elektro-, Gas- oder Dieselantrieb

Hochregalstapler

Regalbediengerät

Abbildung 34: Stapler für die verschiedensten Einsatzbereiche

Je nach Staplereinsatz können die Gänge zwischen den Regalen **breit** oder **schmal** sein. Bei Einsatz von Schmalspurstaplern (Kommissionierstaplern) können bei gleicher Grundfläche mehr Regale eingesetzt werden.

Quelle: Still GmbH, Hamburg

Treppenkarre Sackkarre Handgabelhubwagen Elektrohubwagen

Abbildung 35: Beispiele für andere Transportmittel

Quelle: ▲ Mannesmann Dematic AG, Wetter
◀ Constructor Lagertechnik GmbH, Wipperfürth

Abbildung 36: Beispiele verschiedener Horizontal-Karussellanlagen für Kleinteile

Rollen- und Gurtförderer für leichte bis mittelschwere Güter

Rollenförderer (sog. Rollenbahnen) für leichtere Güter

▲ Quelle: Mannesmann
◀ Dematic AG, Wetter

RBG in einem Hochregallager

▲ Einbau eines RGB
◀ Quelle: Mannesmann Dematic AG, Wetter ▶

Rollenförderer für schwere Güter, z.B. Paletten

Abbildung 37: Beispiele für die verschiedensten Förderzeuge

3.5 Beschaffung

Auch bei der Beschaffung (= Einkauf) stellt sich die Frage, soll diese zentral oder dezentral erfolgen? Beide Formen haben Vor- und Nachteile, welche nachfolgend dargestellt werden.

3.5.1 Einkauf

Im Rahmen der Unternehmenslogistik sind in jedem Unternehmen die drei wesentlichen operativen Bereiche

der Produktion, der Materialwirtschaft und der Distribution

festzustellen, wie die folgende Grafik verdeutlicht. Darüber hinaus können noch andere operative Bereiche, z.B. Entsorgung / Recycling, Bestandteil der Logistik sein.

3.5.1.1 Zentraler Einkauf

Abbildung 38: Beispiel für die Organisation eines Zentraleinkaufs

Praktiziert ein Unternehmen eine solche Einkaufsorganisation, sind Vor- und Nachteile dieses Systems festzustellen. Diese werden nachstehend erläutert.

Vor- und Nachteile des Zentraleinkaufs

Vorteile der Einkaufszentralisierung sind:

- straffe Führungsmöglichkeiten,
- eine klare Abgrenzung der Zuständigkeiten,
- ein höheres Gewicht der Abteilung,
- günstigere Einkaufskonditionen, größere Lieferbereitschaft und Entgegenkommen des Lieferanten aufgrund des gesammelten Bedarfs.

Nachteile der Einkaufszentralisierung sind:

- ein längerer und zeitintensiver Verwaltungsweg,
- ggf. lückenhafte Kenntnisse über die Belange der einzelnen Abteilungen oder Werke.

Abbildung 39: Vor- und Nachteile des Zentraleinkaufs

3.5.1.2 Dezentraler Einkauf

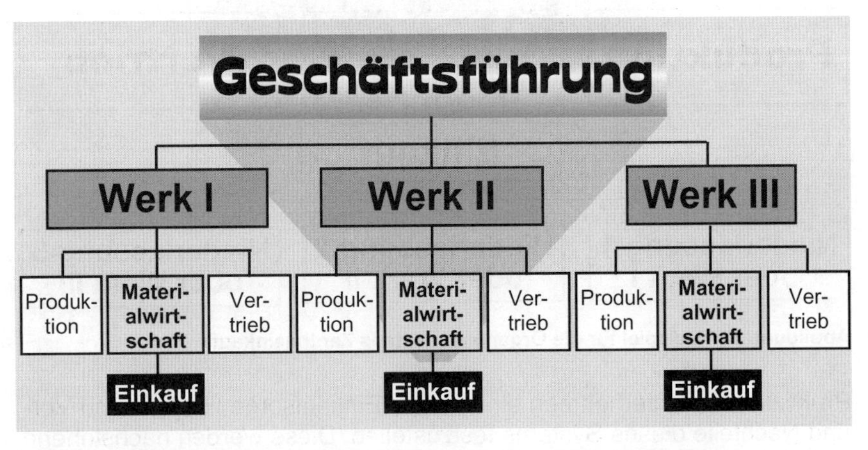

Abbildung 40: Beispiel für die Organisation eines dezentralen Einkaufs

Die Vorteile der Zentralisierung sind nicht umgekehrt die Nachteile der Dezentralisierung.

Es kommt in jedem einzelnen Fall auf die Art der zu beschaffenden Erzeugnisse, Artikel oder Materialien an.

3.5.1.3 Mischformen der Einkaufsorganisation

Mischformen aus Zentraleinkauf und dezentralem Einkauf sind ebenfalls möglich. Beispielhaft könnte eine Mischform wie folgt praktiziert werden:

- Alle Werke oder Betriebsteile sind der Geschäftsführung unterstellt.
- Jedes Werk bzw. jeder Betriebsteil hat seinen speziellen Einkauf für
  - werkspezifische Erzeugnisse und Materialien,
  - werkspezifische Hilfs- und Betriebsstoffe,
  - werkspezifische Dienstleistungen,
  - usw.

Nur was alle Werke oder Betriebsteile betrifft, wird durch den **Zentraleinkauf** bestellt. Die nachfolgende Grafik zeigt eine der möglichen Mischformen für die Materialwirtschaft und den Einkauf, unter Hinzufügung der Funktion Logistik.

Abbildung 41: Mischformen der Einkaufsorganisation

Im Falle der Mischform können die Einkaufsabteilungen den Werksleitern disziplinarisch unterstellt sein. Fachlich bleiben die Einkaufsabteilungen in den einzelnen Werken jedoch dem Zentraleinkauf oder direkt der Materialwirtschaft / Logistik unterstellt.

3.5.2 Bestandsarten

Zur Orientierung sind im Lager
- **ein Höchstbestand,**
- **ein Meldebestand bzw. Bestellbestand und**
- **ein Mindestbestand bzw. eiserner Bestand.**

als wichtige Bestandsarten festgelegt.

- **Höchstbestand**

Der Höchstbestand wird i.d.R. in den Unternehmen von der Geschäftsführung festgelegt und darf – bis zu einer Änderung – nicht überschritten werden.

- **Meldebestand bzw. Bestellbestand**

Der tägliche Verbrauch und die Lieferzeit haben wesentlichen Einfluss auf den Bestellzeitpunkt. Aus diesen Fakten wird im Unternehmen für jeden Artikel ein Melde- bzw. Bestellbestand festgelegt.

Die Menge des Melde- bzw. Bestellbestandes muss so bemessen sein, dass die Lieferzeit bei einer neuen Bestellung ausreicht, ohne dass der Mindestbestand angegriffen werden muss und / oder die Produktion ins Stocken gerät. Die Berechnung des Melde- bzw. Bestellbestandes wird unter „Lagerkosten“ erläutert.

- **Mindestbestand bzw. eiserner Bestand**

Der im Unternehmen für jeden Artikel festgelegte Mindestbestand darf i.d.R. nur mit ausdrücklicher Genehmigung der Geschäftsleitung angegriffen werden. **Der Mindestbestand ist ein Risikobestand.**

3.5.3 Bedarfsermittlung

Die möglichst genaue Bedarfsermittlung ist für eine(n) reibungslose(n) Produktion bzw. Verkauf besonders wichtig. Dabei ist die einzukaufende Menge von verschiedenen Faktoren abhängig (→ Abbildung 42).

Faktoren für die Bestimmung der einzukaufenden Menge

Die einzukaufende Menge hängt u.a.
— von der **Haltbarkeit der Ware**,
— vom **voraussichtlichen Absatz**,
— vom **vorhandenen Lagerbestand**,
— vom **verfügbaren Lagerplatz**,
— von möglichen **Sonderangeboten,**
— von der **zukünftigen Preisentwicklung,**
— von der **eigenen Zahlungsfähigkeit**,
und anderen individuellen Umständen ab.

Abbildung 42: Faktoren für die Bestimmung der einzukaufenden Menge

Wenn die in Abbildung 42 genannten Faktoren bei der Bestellung nicht oder nur teilweise berücksichtigt werden, ist die Konsequenz, dass der Lagervorrat entweder zu hoch oder zu niedrig ist. Zu hohe Lagerbestände führen zu erhöhten Lagerkosten und zu niedrige Lagerbestände verursachen Lieferengpässe.

Die Bedarfsermittlung ist eine Aufgabe, welche die Einkaufsabteilung nur in Zusammenarbeit mit der Produktion und dem Verkauf lösen kann. Zielkonflikte sind hier vorprogrammiert.

Die Produktion möchte die Sicherheit haben, dass die benötigten Materialien jederzeit vorrätig sind. Dagegen ist der Verkauf bestrebt, dass das gesamte Warensortiment in einer möglichst großen Menge zur Verfügung steht, damit Kundenbestellungen jederzeit prompt ausgeliefert werden können. Vielfach werden aus Unsicherheit zu hohe Lagerbestände vorgehalten. In solchen Fällen spricht man auch von „Unsicherheitsbeständen".

Nachteile großer Bestellmengen

Große Bestellmengen führen zu hohen Lagerbeständen und

- ein höheres gebundenes Kapital,
- damit zu höheren Lagerkosten,
- hohen Zinsen für ggf. erforderlich werdende Kredite,
- der Gefahr des Verderbs oder der Überalterung.

Abbildung 43: Nachteile großer Bestellmengen

Nachteile kleiner Bestellmengen

Bei kleinen Bestellmengen ergeben sich Nachteile durch

- nicht gewährte Mengenrabatte des Lieferanten,
- Produktionsverzögerungen,
- mögliche Kundenverluste,
- entgangene Gewinne,
- größeren kaufmännischen Aufwand (da öfter bestellt werden muss),
- höhere Transportkosten.

Abbildung 44: Nachteile kleiner Bestellmengen

Damit die Lagerkosten, welche einen nicht unerheblichen Teil des Produktpreises darstellen, so gering wie möglich gehalten werden, muss für jeden Artikel die **optimale Bestellmenge** ermittelt werden.

Wo liegt nun die optimale Bestellmenge?

**Die optimale Bestellmenge liegt gerade dort,
wo die Summe der Bestell- und Lagerkosten am geringsten ist.**

3.5.3.1 Lieferzeit — ein wichtiger Faktor bei der Bedarfsermittlung

Die Lieferzeit setzt sich, wie aus der folgenden Abbildung ersichtlich ist, aus verschiedenen Zeit- und Bearbeitungsbereichen zusammen.

Zeit- und Bearbeitungsbereiche im Rahmen der Lieferfrist

Zu den Zeit- und Bearbeitungsbereichen bei der Lieferzeit gehören in der Reihenfolge der einzelnen Schritte:

- **der Zeitrahmen für die Bearbeitung der Bestellung (Anforderung vom Lager bis zum Ausgang der Bestellung),**
- **die Laufzeit der Bestellung zum Lieferanten (z.B. Postweg),**
- **die Lieferzeit des Lieferanten (Eingang der Bestellung bis zum Versand der Ware),**
- **die Transportzeit vom Lieferanten bis zum Empfänger,**
- **die Annahme der Ware und die Wareneingangsprüfung beim Empfänger,**
- **die Aufnahme in den Lagerbestand (Einräumen im Lager und Eingabe der Daten in die Lagerbuchhaltung),**
- **und ggf. weitere individuelle Arbeitsschritte.**

Abbildung 45: Lieferzeit — Zeit- und Bearbeitungsbereiche

Berechnung des Bestellbestandes

Für die Berechnung des Bestellbestandes (Meldebestandes) ist die Formel

Tagesumsatz x Lieferzeit + Mindestbestand

anzuwenden.

Abbildung 46: Berechnung des Bestellbestandes

3.5.3.2 Bedarfsmeldung

Wird im Lager festgestellt, dass für einen Artikel der Meldebestand erreicht ist, muss eine **Bedarfsmeldung** an den Einkauf gerichtet werden.

Für das Formular „Bedarfsmeldung“ gibt es keine Vorschriften. Jedes Unternehmen kann ein solches Formular nach eigenen Ideen und Erfordernissen erstellen. Welche Angaben in einer Bedarfsmeldung enthalten sein sollten, zeigt die folgende Abbildung.

Erfolgt die Bestandsverwaltung jedoch über ein leistungsfähiges EDV-Programm, kann sich der Einkauf täglich „auf Knopfdruck“ eine Liste der Artikel ausdrucken lassen, bei denen der Bestellbestand erreicht ist.

Angaben in einer Bedarfsmeldung

In einer Bedarfsmeldung sollten unbedingt folgende Angaben enthalten sein:

- **Wer gibt die Bestellung auf?**
- **An wen ist die Bestellung gerichtet?**
- **Artikelbezeichnung,**
- **Artikelnummer,**
- **Bestellmenge,**
- **Lieferung spätestens eintreffend bis ..... ,**
- **aktueller Lagerbestand,**
- **Datum,**
- **Unterschrift des Bestellenden und**
- **Unterschrift des Lagerleiters / Lagermeisters.**

Abbildung 47: Mindestangaben für ein Formular „ Bedarfsmeldung“

Weitere Angaben (Felder) können in einem solchen Formular, je nach Unternehmensorganisation und Bedarf, erforderlich oder sinnvoll sein.

3.5.4 Lieferantenauswahl

Die Einkaufsabteilung muss den bzw. die richtigen Lieferanten erst einmal nach den Merkmalen

- **Qualität,**
- **Liefermöglichkeit,**
- **Lieferzeit und**
- **Zahlungsbedingungen**

auswählen.

Wenn diese Merkmale stimmen, kommt als weiteres wichtiges Entscheidungskriterium – im Vergleich mit den Lieferanten, welche die ersten drei Merkmale erfüllt haben – der

- **Netto-Einkaufspreis**

hinzu.

Wie erhält man Anschriften von möglichen Lieferanten?

In der Praxis bedient man sich der verschiedensten Hilfsmittel, um den geeigneten Lieferanten zu finden.

Hierzu zählen z.B.
- **die im Unternehmen geführte Waren- und / oder Lieferantendatei,**
- **Branchenadressbücher (z.B. „Wer liefert was?“ oder die „Gelben Seiten“ der Deutschen Telekom),**
- **Kataloge,**
- **Vertreterbesuche,**
- **Anzeigen in Zeitungen und Fachzeitschriften,**
- **Besuche von Messen und Ausstellungen,**
- **usw.**

Abbildung 48: Quellen für Lieferantenanschriften

3.5.5 Anfrage

Wenn für einen Artikel Lieferanten gefunden wurden (→ 3.5.4), werden bei diesen durch eine Anfrage nähere Informationen zur Ware und dem Preis durch **Anfragen** eingeholt.

Handelt es sich um eine **allgemeine Anfrage**, bittet der Käufer um Zusendung von Preislisten, Katalogen oder einen Vertreterbesuch.

Dagegen interessiert sich der Käufer bei einer **bestimmten Anfrage** für eine genau festgelegte Ware, für die er eine Qualitätsbeschreibung, den Preis und die Zahlungsbedingungen erhalten möchte.

Eine Anfrage ist grundsätzlich formfrei, d.h. sie kann mündlich, telefonisch oder schriftlich erfolgen **und verpflichtet den Käufer zu nichts;** sie soll lediglich einen möglichen Kauf in die Wege leiten. Deshalb sollte bei Kaufinteresse immer bei mehreren Lieferanten angefragt werden. **Als Faustregel gilt: Mindestens bei drei Lieferanten anfragen!** Nur so erhält der Käufer einen annehmbaren Markt- und Preisvergleich.

Bei Anfragen an neue, bisher unbekannte Lieferanten, sollte nach Eingang des Angebotes möglichst ein **persönliches Gespräch beim Lieferanten,** begleitet von einer Betriebsbesichtigung, geführt werden. Dadurch lernt man einen neuen Geschäftspartner besser kennen und kann diesen entsprechend beurteilen und einschätzen. Diese Erkenntnisse fließen später in den Entscheidungsprozess für den Kauf mit ein.

3.5.6 Angebot

Rechtlich ist ein Angebot eine **Willenserklärung des Verkäufers** an eine bestimmte Person, welche **formlos** (mündlich, telefonisch, schriftlich) erklärt werden kann. Der Verkäufer ist an sein Angebot gebunden.

Die Bindung des Verkäufers an sein Angebot gilt bei **befristeten Angeboten** bis zum Fristablauf und bei **unbefristeten Angeboten** solange, wie der Verkäufer üblicherweise eine Bestellung vom Käufer erwarten kann. Erfolgt z.B. eine Bestellung erst sechs Monate nach Eingang des Angebotes, ist der Verkäufer nicht mehr an sein Angebot gebunden und von seiner Leistungspflicht befreit.

Das Angebot ist erloschen,
- wenn der Käufer das Angebot in der Bestellung – ohne vorherige Bestätigung des Verkäufers – abändert oder
- wenn die Frist für die Annahme des Angebotes abgelaufen ist (Fristablauf),
- wenn der Verkäufer sein Angebot rechtzeitig widerruft.

Durch sogenannte Freizeichnungsklauseln im Angebot (z.B. „Unser Angebot ist unverbindlich, bis zum endgültigen Abschluss", „Unsere Preise sind freibleibend", „Solange Vorrat reicht" usw.), **kann sich der Verkäufer von seiner Lieferpflicht entbinden.**

Grundsätzlich wird zwischen einem verlangten und einem unverlangten Angebot unterschieden. Bisher wurde von einem verlangten Angebot ausgegangen (Anfrage). Fehlt jedoch eine Anfrage des Käufers, spricht man von einem **unverlangten** Angebot.

3.5.7 Angebotsvergleich

Nach der Anfrage und dem Eingang der Angebote, beginnt die Phase des Angebotsvergleichs mit der Sichtung, Prüfung und Auswahl des Lieferanten, gefolgt von einem begleitenden Lieferantenkontakt. Dieses ist in Abbildung 49 anschaulich dargestellt.

Was sollte beim Angebotsvergleich bewertet werden?

Die zu prüfenden und zu bewertenden Punkte sind u.a.
- der Qualitätsvergleich,
- die Lieferzeit,
- der Preisvergleich,
- die Verpackungskosten,
- die Transportkosten,
- die Zahlungsbedingungen,
- die Gewährleistung des Verkäufers,
- der Erfüllungsort und der Gerichtsstand.

Abbildung 49: Prüfpunkte für den Angebotsvergleich

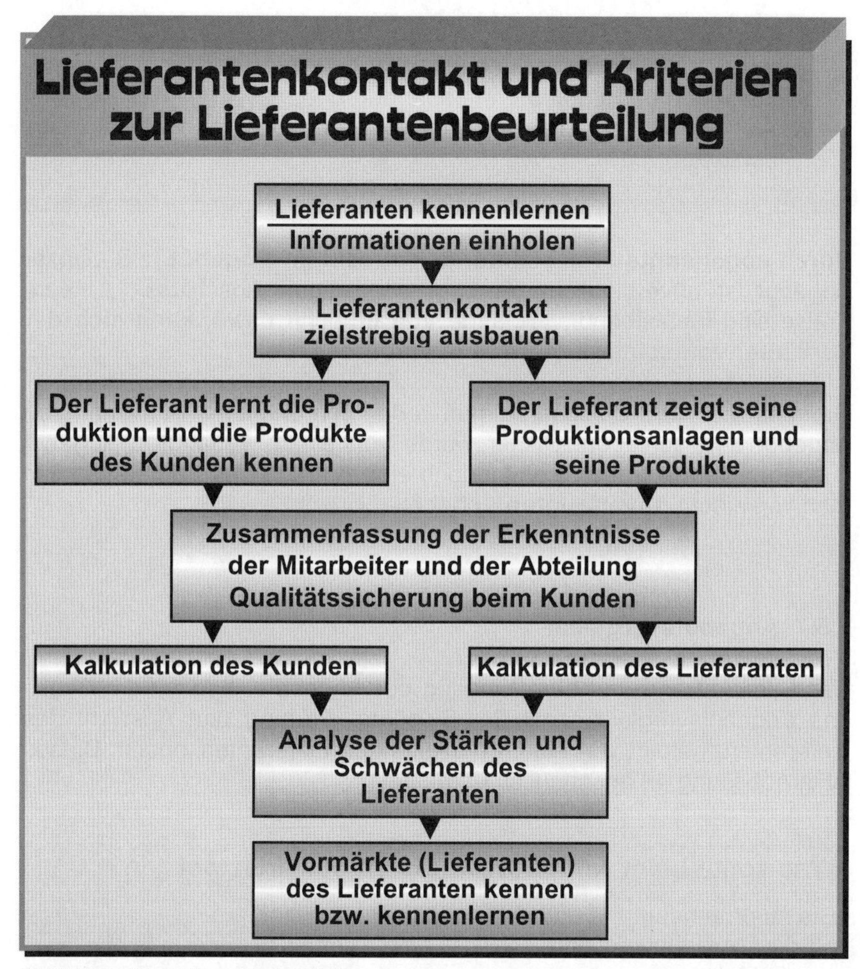

Abbildung 50: Lieferantenkontakt

Preisvergleich

Beim Preisvergleich der verschiedensten Angebote ist zu berücksichtigen, dass der Verkäufer vielfach einen **Listenpreis** für die Ware nennt. Auf diesen Listenpreis wird i.d.R. noch die gesetzliche Mehrwertsteuer gerechnet, sofern im Angebot für den Preis nicht ausdrücklich der Vermerk „....einschließlich gesetzlicher Mehrwertsteuer“ vermerkt ist.

Oft werden auf den angebotenen Listenpreis noch Nachlässe gewährt.

Bedeutung der verschiedenen Preisnachlässe

- **Bonus** (Mehrzahl: Boni)
Hat ein Kunde innerhalb eines bestimmten Zeitraums, z.B. eines Kalenderjahres, für einen bestimmten Wert Ware bei einem Lieferanten gekauft, gewährt dieser ggf. einen Jahresbonus (z.B. 2 % des Jahresumsatzes) als Rückvergütung.

- **Rabatte** (Preisnachlässe)
Rabatte werden aus verschiedensten Anlässen, wie z.B.
  - Wiederverkäuferrabatte, z.B. an Groß- oder Einzelhändler,
  - Mengenrabatte, bei Abnahme bestimmter Mengen,
  - Sonderrabatte, z.B. bei Geschäftsjubiläen,
  - Treuerabatte an langjährige Kunden

  gewährt.

- **Skonto** (Mehrzahl: Skonti)
Zahlt ein Kunde innerhalb einer bestimmten Frist, so kann er vielfach Skonto als Preisnachlass absetzen. **Die Höhe des Skonto ist einerseits von den Lieferbedingungen des Lieferanten bzw. vom Kaufvertrag** (z.B. „Zahlbar innerhalb 8 Tagen mit 3 % Skonto, 14 Tagen mit 2 % Skonto oder 30 Tage netto) **und andererseits von gesetzlichen Vorschriften abhängig** (Höchstskonto an Endverbraucher darf 3 % nicht übersteigen).

Abbildung 51: Mögliche Preisnachlässe

Die vorgenannten Abzüge müssen beim Angebotsvergleich entsprechend berücksichtigt werden. **Zu vergleichen ist immer nur der Netto-Einkaufspreis, zuzüglich der anfallenden Nebenkosten (sog. Einstandspreis).**

Qualitätsvergleich

Damit der Käufer die Beschaffenheit und Qualität bestimmen und einen Vergleich mit den vorliegenden Angeboten vornehmen kann, müssen ihm eine Beschreibung der Ware und genaue Qualitäts- und Gütebezeichnungen, Abbildungen, Muster oder Proben vorliegen.

Lieferzeit

Basierend auf der Lieferzeit müssen die Kaufarten

- **Sofortkauf,**
  wenn vertraglich nichts vereinbart ist, muss der Verkäufer sofort liefern,
- **Fixkauf,**
  z.B. „Lieferung verbindlich am 31. Mai 2000,
- **Kauf auf Abruf,**
  z.B. bei vereinbarten Teillieferungen (der Käufer reduziert dadurch seine eigene Lagerhaltung),
- **Terminkauf,**
  z.B. „Lieferung bis 31. Mai 2000“

unterschieden werden.

Verpackungskosten

Sofern vertraglich nichts anderes vereinbart ist, übernimmt der Verkäufer die Kosten für die Verkaufs- und Umverpackung. In diesem Falle sind diese Kosten bereits im Verkaufspreis einkalkuliert. Oft vereinbart der Verkäufer jedoch eine anteilige Kostenpauschale mit dem Kunden.

Transportkosten

Die Transportkosten (= Beförderungskosten) trägt, wenn nichts anderes vereinbart wurde, grundsätzlich der Käufer. In diesem Falle wird von einer **Lieferung ab Werk** (= unfrei) gesprochen.

Lautet die Lieferkondition jedoch unfrei oder ab Versandbahnhof, trägt der Verkäufer die Kosten der Hausfracht (früher: Rollgeld) bis zum Versandbahnhof.

Liefert der Verkäufer jedoch **frei Haus**, trägt er alle Transportkosten.

Bei der Lieferkondition **frei, frachtfrei** oder **frei Empfangsbahnhof**, muss der Käufer die sog. Hausfracht bezahlen. Alle übrigen Transportkosten gehen zu Lasten des Käufers.

Zahlungsbedingungen

Wurde im Kaufvertrag bezüglich der Zahlung nichts vereinbart, muss der Käufer die Ware sofort bei deren Übergabe – i.d.R. bar – bezahlen, wie z.B. auch bei einer Nachnahmelieferung.

Im Geschäftsverkehr unter Kaufleuten wird überwiegend eine **Lieferung gegen Rechnung** vereinbart und praktiziert. Hier trägt der Verkäufer das Risiko des Zahlungseingangs. Der Käufer überweist den Rechnungsbetrag (hoffentlich) innerhalb der vereinbarten Frist, ggf. unter Abzug von Skonto, an den Verkäufer.

In bestimmten Branchen oder bei Sonderanfertigungen verlangt der Verkäufer als Sicherheit auch eine **Vorauszahlung** oder **Anzahlung**. In diesen Fällen muss jedoch beachtet werden, dass der Käufer das Risiko einer mangelhaften oder auch verspäteten Lieferung trägt.

Wichtig:
Der Käufer muss dem Verkäufer den Rechnungsbetrag (= Warenwert zuzüglich Nebenkosten) spesenfrei (= kostenfrei) an seinem Geschäftssitz (bei Privatpersonen: Wohnsitz) zur Verfügung stellen, denn **Geldschulden sind Bringschulden.**

Eigentumsvorbehalt

In ihren Verkaufsbedingungen und Kaufverträgen machen die Verkäufer weit überwiegend einen Eigentumsvorbehalt geltend, z.B.: „Die Ware bleibt bis zur vollständigen Bezahlung unser Eigentum“.

Ein solcher einfacher Eigentumsvorbehalt gibt dem Verkäufer folgende Rechte:

- Bei Nichtzahlung des Käufers kann der Verkäufer die Rückgabe der Ware verlangen.
- Die unter Eigentumsvorbehalt stehende Ware kann von einem Dritten nicht gepfändet werden.
- Im Konkursfalle des Käufers wird die gelieferte Ware nicht Bestandteil der Konkursmasse.

Ist jedoch die unter Eigentumsvorbehalt stehende Ware bereits weiterverkauft oder verarbeitet, erlischt der vorher beschriebene einfache Eigentumsvorbehalt. Der Käufer kann sich dagegen jedoch durch einen verlängerten Eigentumsvorbehalt absichern. Im Falle der Nichtzahlung durch den Käufer, hat der Verkäufer Anspruch auf Herausgabe der hergestellten Ware oder des erzielten Verkaufserlöses.

Erfüllungsort und Gerichtsstand

Erfüllungsort ist der Ort, an dem die am Kaufvertrag Beteiligten ihre jeweiligen Pflichten zu erfüllen haben. Für den Verkäufer besteht die Pflicht der Lieferung oder Leistung (z.B. ist bei einer Lieferung frei Haus, der Sitz des Käufers der Erfüllungsort für den Verkäufer), während für den Käufer die Pflicht zur Bezahlung der Lieferung oder Leistung besteht (da Geldschulden Bringschulden sind, ist für den Käufer der Sitz des Verkäufers als Erfüllungsort zutreffend).

Im Falle von Streitigkeiten aus dem Kaufvertrag, ist der vereinbarte Gerichtsstand maßgebend.

3.5.8 Bestellung

Eine Bestellung ist eine rechtliche Willenserklärung eines Käufers, eine bestimmte Ware kaufen zu wollen. Eine Bestellung kann mündlich, telefonisch oder schriftlich erfolgen, ist also formfrei. Aus Beweisgründen sollte die Bestellung immer schriftlich erfolgen (Brief oder Telefax).

Mit seiner Bestellung verpflichtet sich der Käufer zur Abnahme und Bezahlung der Ware. Wenn Angebot und Bestellung übereinstimmen, kommt es zu einem rechtskräftigen Kaufvertrag.

Falls die Bestellung vom Angebot abweicht oder der Käufer zu spät bestellt, ist das Angebot erloschen. In diesem Fall gilt die Bestellung als neuer Antrag zum Abschluss eines Kaufvertrages und muss vom Verkäufer angenommen werden.

3.5.9 Auftragsbestätigung

Damit ein rechtskräftiger Kaufvertrag zustande kommt, ist eine Auftragsbestätigung des Verkäufers erforderlich,

- **wenn die Bestellung vom Angebot abweicht,**
- **wenn der Bestellung kein Angebot zugrunde liegt,**
- **wenn das Angebot freibleibend war,**
- **wenn die Bestellung beim Lieferanten zu spät eintrifft.**

Darüber hinaus ist eine Auftragsbestätigung im Geschäftsverkehr unter Kaufleuten (bedingt bei Privatpersonen) auch üblich,

- wenn es sich um neue Kunden handelt,
- bei großen Aufträgen oder
- wenn der Kunde dieses ausdrücklich wünscht.

Die Auftragsbestätigung kann jedoch entfallen, wenn der Lieferant unverzüglich die Bestellung ausführt und liefert. In diesem Fall ersetzt die erfolgte Lieferung die Auftragsbestätigung und es ist ein rechtsgültiger Kaufvertrag zustande gekommen.

Rechte des Käufers bei mangelhafter Lieferung

Nach dem Gesetz stehen dem Käufer bei einer mangelhaften Lieferung folgende Rechte zu:

- **Ersatzlieferung (Umtausch),**
- **Minderung (Preisnachlass),**
- **Nachbesserung (Reparatur),**
- **Wandlung (Rücktritt vom Kaufvertrag).**

Abbildung 52: Rechte des Käufers bei mangelhafter Lieferung

3.6 Wareneingang

Alle Material- und Warenlieferungen werden vom Wareneingang angenommen und von dort – nach Prüfung – weitergeleitet. Mit der Warenanlieferung durch den Lieferanten und der Warenannahme beginnt der innerbetriebliche Transport.

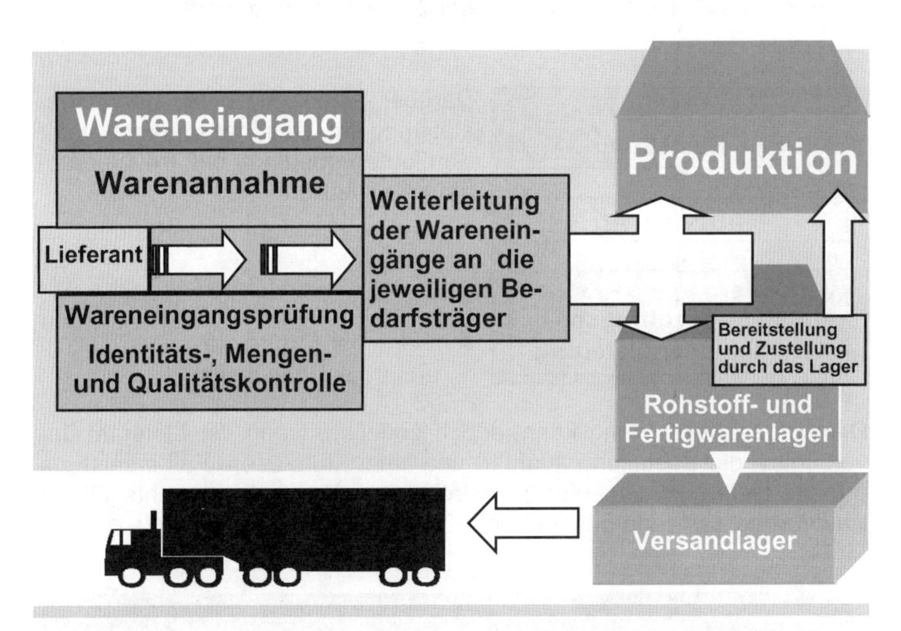

Abbildung 53: Wareneingang — Beginn des innerbetrieblichen Warenflusses

In gleichem Maße, wie die physischen[3] Vorgänge des Wareneingangs von Bedeutung sind, muss auch dem damit verbundenen Informationsfluss Beachtung geschenkt werden. Denn erst durch die Erstellung und Weiterleitung von Informationen (z.B. Bestellungen an den Lieferanten, Wareneingangsmeldung, Transportveranlassung usw.) werden die physischen Abläufe im Materialfluss möglich, denn ohne Information und Disposition bewegt sich im Lager nichts.

[3] physisch = körperlich

Aufgaben des Wareneingangs

Der Wareneingangsbereich hat die Aufgabe,

- **die Material- und Warenlieferungen anzunehmen,**
- **festzustellen, ob eine Bestellung vorliegt,**
- **die Ware (Material) abzuladen, auf Transportschäden zu überprüfen und auszupacken,**
- **den Empfang dem Frachtführer zu bestätigen,**
- **ggf. noch erforderliche Zollformalitäten zu veranlassen,**
- **die Identitäts- und Mengenkontrolle durchzuführen,**
- **weitere Qualitätskontrollen zu veranlassen,**
- **bei Qualitäts- und Mengenabweichungen entsprechende (schriftliche) Informationen weiterzugeben und evtl. Rücksendungen zu veranlassen,**
- **das Material (die Artikel) zu kennzeichnen und zum Weitertransport zum Lager oder Bedarfsträger (z.B. Produktion) bereitzustellen,**
- **den Wareneingang an Einkauf und ggf. Terminüberwachung und Rechnungsprüfung zu melden,**
- **ggf. bei sperrigem Stückgut, ganzen Warensendungen u.ä. die Materialien und Waren „papiermäßig" zu vereinnahmen und diese direkt zum Bedarfsträger (Produktion oder zuständiges Lager) weiterzuleiten.**

Abbildung 54: Aufgaben des Wareneingangs

Die vorgenannte Aufzählung stellt eine Liste der Maximalaufgaben eines Wareneingangs dar, wobei üblicherweise einzelne dieser Wareneingangsaufgaben auch an andere Abteilungen bzw. Personen delegiert werden.

Die folgende Abbildung zeigt auf, welche Einflussgrößen bei der Gestaltung des Wareneingangs berücksichtigt werden sollten.

Gestaltung des Wareneingangs

Bei der Gestaltung des Wareneingangs ist eine Vielzahl von Einflussgrößen zu berücksichtigen:

- **Standort**
  Der Wareneingang ist möglichst zentral in der Nähe der Werkseinfahrt oder direkt am Lager zu platzieren.
- **Bauliche Gestaltung**
  Der Flächenbedarf wird von der Anzahl der ankommenden Fahrzeuge, Standzeit der Waren und Transportmittel u.a.m. bestimmt. Die Größe und die Gestaltung der Gebäude – Lagerflächen, Abwicklungsflächen, Büroräume – wird von dem Aufgabenumfang und von der Art der Materialien bestimmt.
- **Technische Ausstattung**
  Für die Zwischenlagerung und Bereitstellung, die Materialbewegungen, die Kontroll- und Prüfvorgänge sowie das Auspacken werden die verschiedensten technischen Einrichtungen benötigt.
- **Einflüsse der Materialien**
  Warenzustand, Form, Gewicht usw. beeinflussen im Wesentlichen die Umschlag- und Transporteinrichtungen. Die Personal- und Transportkapazität wird von der zeitlichen Verteilung der Sendungen bestimmt.
- **Organisatorische Regelungen**
  Der Aufgabenumfang muss bestimmt werden, die Tätigkeitsabläufe sind festzulegen und der Informations- und Belegfluss ist zu regeln.

Abbildung 55: Gestaltung des Wareneingangs

3.6.1 Warenannahme und Wareneingangsprüfung

Vor der Annahme der Ware wird diese am **I-Punkt** identifiziert, um

- falsche / beschädigte Ware und Verpackung sofort zurückzugeben,
- diese für andere Betriebsteile oder das Vertriebslager direkt dorthin zu beordern,
- Just-in-time-Lieferungen entsprechend weiterzuleiten, anstatt sie in der Eingangshalle / Wareneingangsprüfung erst abzusetzen,
- den Ablauf und Weg zu bestimmen, wenn noch gezählt, geprüft und gelagert werden muss.

Abbildung 56: Tätigkeiten bei der Warenannahme am Identifikationspunkt (I-Punkt)

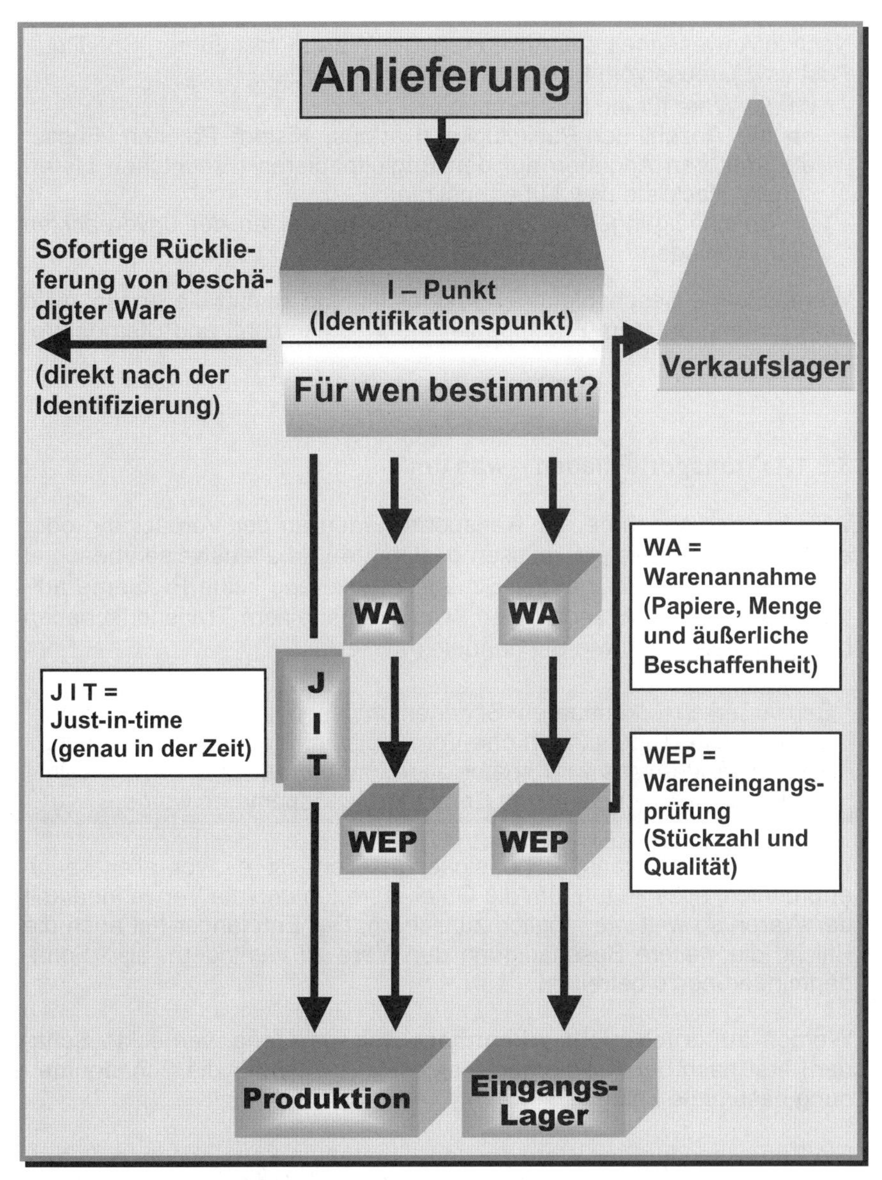

**Abbildung 57: Identifikationspunkt (I-Punkt) bei der Warenannahme
Warenannahme – Wareneingangsprüfung – Produktion / Lager**

Noch in Anwesenheit des Anlieferers der Ware (Frachtführer, Spediteur, Post usw.), muss vom Empfänger überprüft werden,

- ob die Ware für ihn bestimmt ist,
- ob die Anzahl der Packstücke (Kartons, Kisten, Paletten, Fässer etc.) mit den Angaben auf den Begleitpapieren (Frachtbrief, Lieferschein, Packliste usw.) übereinstimmt,
- ob Beschädigungen an der Verpackung oder an der unverpackten Ware vorliegen.

Werden keine Beschädigungen festgestellt und stimmt die Anzahl, wird der Empfang auf dem Frachtpapier durch Unterschrift und Stempel bestätigt.

3.6.1.1 Transportschaden – was tun?

Wird bei der Annahme ein Transportschaden an der Verpackung oder an der Ware festgestellt, müssen bestimmte Verhaltensweisen beachtet werden, damit später bei der Schadenregulierung keine Probleme auftreten. Abbildung 58 zeigt Ihnen, was Sie bei einem Transportschaden beachten sollen und wie Sie handeln müssen.

Bei äußerlich erkennbaren Schäden, müssen grundsätzlich sofort bei der Anlieferung **schriftliche** Vorbehalte im Frachtpapier gemacht werden. Andernfalls wird später angenommen, dass die Ware vollzählig und unbeschädigt vom Empfänger angenommen wurde.

Um Schadenersatzansprüche sicherzustellen, ist es vor allem auch erforderlich, alles zu tun, um die Güter zu retten und die Verwendbarkeit der Waren so weit wie möglich zu sichern. Der Empfänger hat auch die Pflicht, die weitere Beschädigung der Ware zu verhindern, also Schadenminderung zu betreiben.

Werden **äußerlich nicht erkennbare Schäden** (sog. verdeckte Schäden) erst nach der Ablieferung festgestellt, gelten für die Schadenmeldung bestimmte Fristen (→ 4.7.5).

Ein Zurücksenden der Ware an den Lieferanten kann nur dann vorgenommen werden, wenn die Schadenersatzansprüche gesichert sind und i.d.R. das Einverständnis des Absenders vorliegt.

So gehen Sie bei einem Transportschaden vor:

Schaden aufnehmen	• **eingehende Waren untersuchen,** • **Frachtführer zur gemeinsamen Schadenbesichtigung auffordern,** • **Beschädigungen vom Beförderer bestätigen lassen** (hierzu ist dieser aber nicht verpflichtet!).
schriftliche Anzeige des Schadens	• **Erkennbare Beschädigungen der Verpackung und Ware in den Frachtpapieren vermerken.** • **Den Frachtführer schriftlich haftbar machen.**
den Schaden mindern	• **Der Empfänger muss alles Mögliche tun, damit ein eingetretener Schaden so gering wie möglich gehalten wird.**
weiteren Schaden verhindern	• **Der Empfänger muss alle zumutbaren Vorkehrungen treffen, damit der eingetretene Schaden nicht noch größer wird.**

Abbildung 58: Verhaltensregeln bei einem Transportschaden

3.6.2 Wareneingangsprüfung (WEP)

Der ersten Kontrolle (Warenannahme) folgt im Lager die Wareneingangsprüfung (Warenkontrolle). Die Ware wird ausgepackt, kontrolliert und geprüft.

Dabei wird Identität, Quantität, Qualität und Beschaffenheit der Ware geprüft. Es wird festgestellt

- ob die richtige Ware geliefert wurde,
- ob die bestellte Menge geliefert wurde,
- ob die Waren der vereinbarten Güte (Qualität) entsprechen,
- ob die Waren Beschädigungen aufweisen.

Dabei wird jedes Stück geprüft. Bei großen Mengen (Massengütern) erfolgt vielfach auch nur eine Stichprobenkontrolle. Die Vorgehensweise muss im Unternehmen genau festgelegt sein.

Für die Prüfung kommen verschiedene Unterlagen, z.B. der Lieferschein oder Packzettel, die Rechnung, das Angebot, eine Kopie der Bestellung, die Auftragsbestätigung oder eine Versandanzeige infrage.

Stellt der prüfende Mitarbeiter Mängel fest, muss dieser unverzüglich die Einkaufsabteilung informieren. Diese setzt sich dann mit dem Lieferanten in Verbindung, um die weitere Vorgehensweise abzustimmen.

3.6.2.1 Wareneingangsschein

In der Regel wird der Eingang der Ware und das Ergebnis der Wareneingangsprüfung in einem Formular schriftlich festgehalten (z.B. in einem Wareneingangsschein). Solche Wareneingangsscheine werden in jedem Unternehmen nach individuellen Bedürfnissen eingesetzt.

Nachstehende Angaben sollten in einem Wareneingangsschein mindestens enthalten sein:

Artikel- oder Teilenummer, Bezeichnung der Ware, Menge, Mengeneinheit (Stück, Meter, Kilogramm usw.), Anzahl der Packstücke, Art der Verpackung, Gesamtgewicht (Bruttogewicht), Absender, Art der Anlieferung (Post, Bahn, LKW), Warenmenge lt. Lieferant und gezählte Menge, Mängel, Rückgabemenge, Bemerkungen, Datum und Unterschrift.

3.7 Qualitätssicherung und Wirtschaftlichkeit

3.7.1 Qualitätspolitik und -sicherung

Qualitätspolitik und -sicherung ist eine umfassende Planungs- und Steuerungsaufgabe für alle Funktionen in einem Unternehmen und muss bei der Beschaffung von Materialien, Teilen und Produkten sowie von Dienstleistungen angewandt werden.

Die Verantwortung der Lieferantenauswahl, -pflege und -bewertung liegt i.d.R. bei der Abteilung

Materialwirtschaft oder der Beschaffungslogistik.

So ist z.B. eine vertraglich vereinbarte Qualitätssicherung eine Grundvoraussetzung für Just-in-time (→ 3.7.2)

Die Einkaufs- und Qualitätspolitik eines Unternehmens ergeben zusammen die Qualitätsstrategie. Die Qualitätsstrategie hat Einfluss auf

- die Organisation des Unternehmens,
- die Lieferanten und
- die Kunden,

mit dem Ziel der Gewinnmaximierung und auf die Teilziele **Verbesserung der Qualität** (falls erforderlich) sowie der **Reduzierung der Kapitalbindung** und der **Minimierung von Kosten**. Das Verhältnis von Einkaufs- und Qualitätspolitik im Unternehmen zeigt Abbildung 60.

Qualitätspolitik ist, je nach Bedeutung, Erwartung und Anspruch des Unternehmens, eine besondere Art der Werteinstufung. Die Grundlagen für die Qualität werden in der Entwicklung, Produktion (Fertigung), zusammen mit Lieferanten und Kunden, festgelegt.

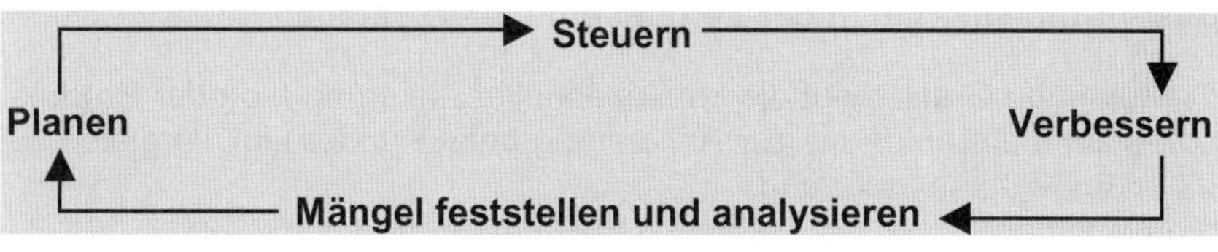

Abbildung 59: Regelkreislauf der Qualitätssicherung

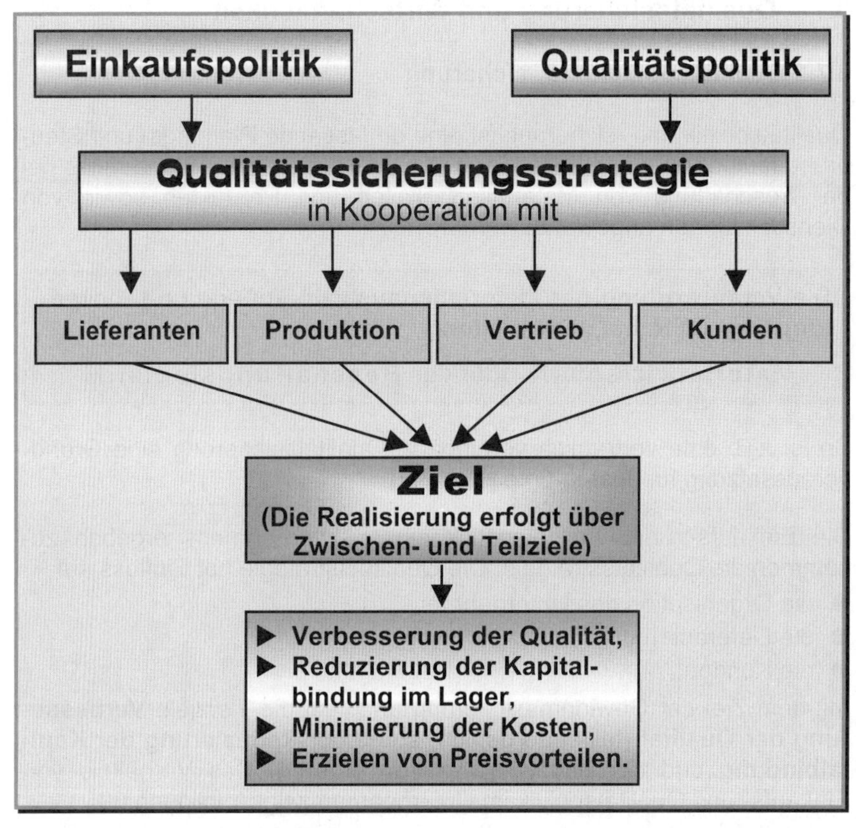

Abbildung 60: Qualitätsstrategie und Ziele bei der Einkaufs- und Qualitätspolitik

3.7.2 Just-in-time (JIT)

Just-in-time (genau in der Zeit) ist ein Liefersystem.

Die folgende Grafik zeigt die konventionelle[4] Lieferung (von der Produktion beim Lieferanten bis zur Anlieferung beim Kunden) im Vergleich zu einer Just-in-time-Lieferung.

[4] konventionell = herkömmlich

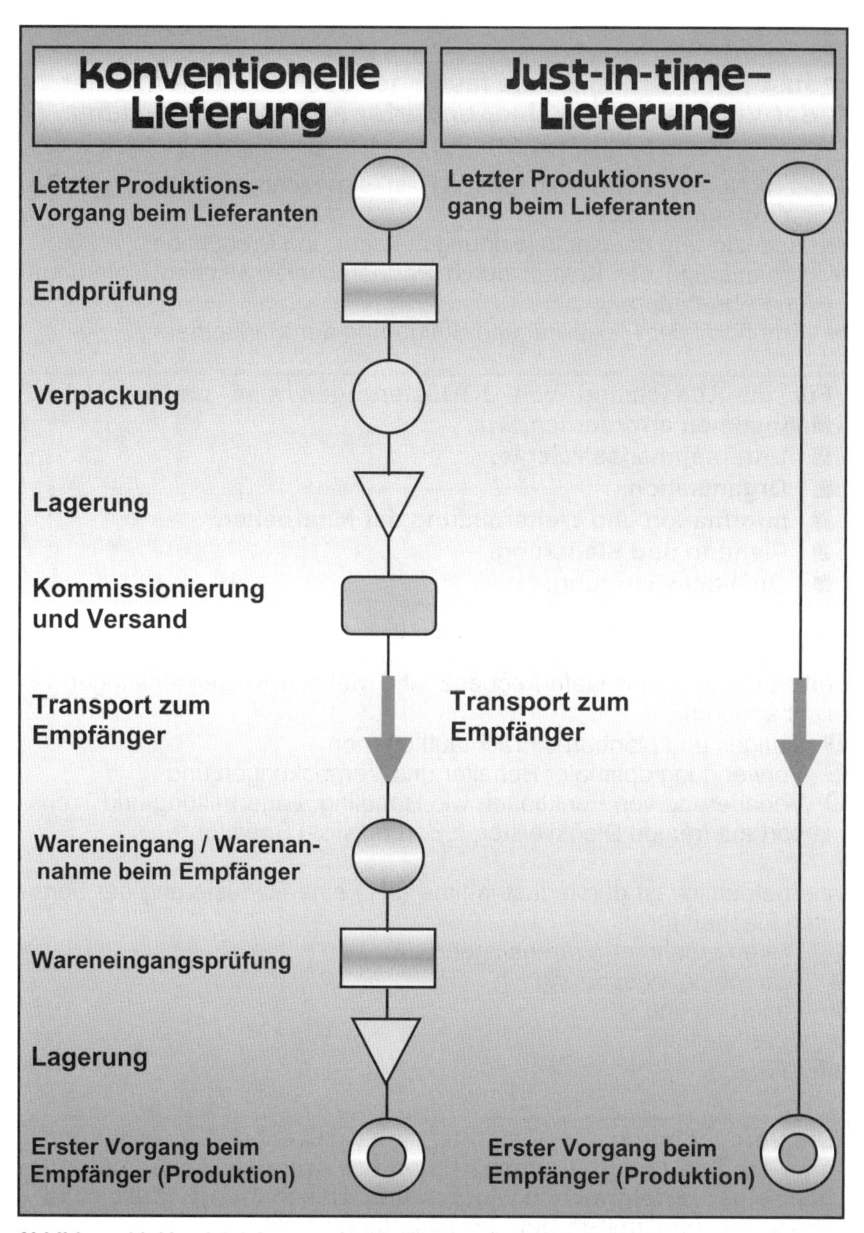

Abbildung 61: Vergleich konventionelle Lieferung – Just-in-time

Just-in-time (JIT) ist die fast lagerlose Produktion, unter der Voraussetzung einer bedarfsgerechten Bestellung.

Jeder praktizierte Baustein des JIT ist ein wichtiger Beitrag zur Gewinnmaximierung durch
- ➤ Reduzierung der Kapitalbindung in Lager und Produktion,
- ➤ Minimierung der Kosten durch Partnerschaft zwischen Lieferanten und Abnehmern,
- ➤ Erhöhung der Flexibilität und Steigerung der Marktpräsenz.

Für die Umsetzung von JIT-Lieferungen sind umfangreiche Maßnahmen erforderlich, wie:
- ■ **Unternehmensstrategie,**
- ■ **Organisation,**
- ■ **Information und Weiterbildung der Mitarbeiter,**
- ■ **Planung und Steuerung,**
- ■ **Qualitätssicherung.**

Abbildung 62: Erforderliche Maßnahmen zur Umsetzung von JIT-Lieferungen

Trotz Erhöhung der Lieferfrequenz sind vielfach Kostensenkungen erreichbar durch
- ❶ stetiges und planbares Frachtaufkommen,
- ❷ Verwendung optimaler Behälter und Verpackungen und
- ❸ Verlagerung von Funktionen wie Handling, Lagerhaltung und Transport auf fremde Dienstleister, z.B. (Logistik-) Spediteure.

Innerbetrieblich ist durch Just-in-time (JIT) eine Reduzierung der benötigten Flächen für
- ● Warenannahme / Wareneingang,
- ● Wareneingangsprüfung,
- ● Lagerung und
- ● Bereitstellung

möglich.

Die Verminderung der Bestände, eine verbesserte Liquidität und eine erhöhte Lieferbereitschaft sind die Krönung der Bemühungen einer erfolgreichen Just-in-time-Beschaffung (Ziele und Bausteine des Just-in-time (→ Abb. 69 und 70).

3.7.3 ABC-Analyse

Die ABC-Analyse ist ein wichtiges Hilfsmittel zur Rationalisierung und lässt sich in Unternehmen jeder Art und Größe in allen Funktionsbereichen anwenden.

Sie hilft in der Praxis,

- **das Wesentliche vom Unwesentlichen zu unterscheiden,**
- **die Aktivitäten schwerpunktmäßig auf den Bereich hoher wirtschaftlicher Bedeutung zu lenken und gleichzeitig den Aufwand für die übrigen Gebiete durch Vereinfachungsmaßnahmen zu senken.**

Die ABC-Analyse findet Anwendung für Analysen bei
- Ausschuss,
- Gewinn,
- Herstellungskosten,
- Kundenstruktur,
- Lagerwirtschaft,
- permanenter Inventur,
- Umsatz und
- vielen anderen Bereichen.

Abbildung 63: Anwendungsmöglichkeiten für eine ABC-Analyse

Durch die ABC-Analyse können z.B. die folgenden Größen und Abhängigkeiten untersucht werden:
- Anzahl und Wert der beschafften Materialpositionen (oder Materialgruppen),
- Anzahl und Wert aller Bestellungen,
- Anzahl und Wert aller Lieferantenrechnungen,
- Anzahl der Lieferanten und Umsatz der Lieferanten,
- Anzahl und Wert der Einzelteile der im Rahmen der Wertanalyse zu untersuchenden Erzeugnisse,
- Anzahl und Wert der Umschlagshäufigkeit im Lager.

Abbildung 64: Größen und Abhängigkeiten, welche durch die ABC-Analyse beispielsweise untersucht werden können

Bei der ABC-Analyse geht man von der gesicherten Erkenntnis aus, dass ca.

A	**5 % aller Artikel**	**80 % des Wertes**
B	**10 % aller Artikel**	**15 % des Wertes**
C	**85 % aller Artikel**	**5 % des Wertes**

oder

A	**5 % aller Lieferanten**	**80 % aller Artikel**
B	**10 % aller Lieferanten**	**15 % aller Artikel**
C	**85 % aller Lieferanten**	**5 % aller Artikel**

ausmachen.

Daraus ergibt sich, dass man sich um A-Teile intensiver kümmern muss als um C-Teile. So sollten z.B. A-Teile möglichst mittels „Just-in-time" (→ 3.7.2) sofort in die Produktion gehen und B-Teile nach wirtschaftlichen Mengen bestellt und gelagert werden.

Beispielsweise könnten **C-Artikel** – z.B. Schrauben – ohne großen Verwaltungsaufwand so gelagert werden:

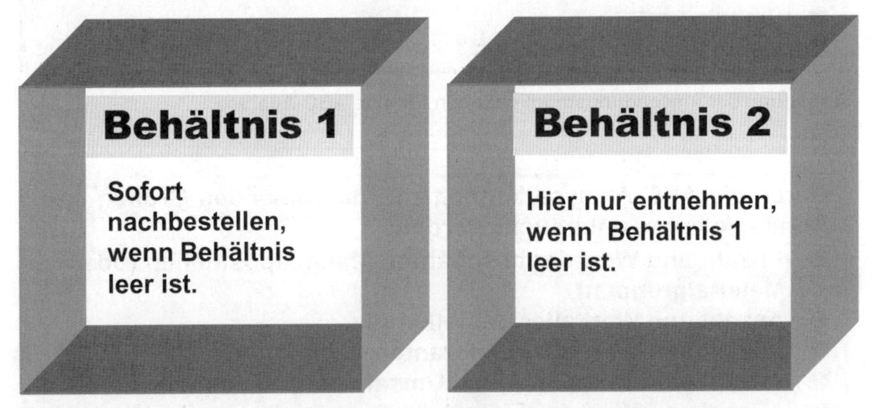

Abbildung 65: Beispiel zur Vereinfachung der Lagerhaltung bei C-Artikeln

Eine Ausnahme wären jedoch so genannte **„K-Artikel"** (kritische Artikel – strategische Artikel), welche zwar geringwertig, aber besonders zu beachten sind. Diese müssten ähnlich den A-Artikeln behandelt werden.

Ziel der ABC-Analyse ist,

- **eine Grundlage für Optimierungen und die Steigerung der Wirtschaftlichkeit zu schaffen,**
- **eine Beeinflussung von zahlenmäßig wenigen Vorgängen mit hohen Werten und hoher wirtschaftlicher Bedeutung (A-Artikel) durch besondere Aktivitäten,**
- **die Schaffung einer Grundlage für Überlegungen zur Rationalisierung von Vorgängen mit geringer wirtschaftlicher Bedeutung, z.B. den Arbeitsaufwand bei C-Artikeln zu minimieren (→ Abbildung 64).**

Nachfolgend ist beispielhaft der Ablauf einer ABC-Analyse für 10 verschiedene Artikel dargestellt.

1. Teil einer ABC-Analyse — mengenmäßige Bedarfserfassung

Teile- / Art.-Nr.	Bedarf je Jahr Stück	Preis je Einheit in €	Jahresbedarf in €	Rang
4711	110	301,60	33.176,00	1
4712	15500	1,70	26.350,00	2
4713	900	3,10	2.790,00	6
4714	4500	1,21	5.400,00	3
4715	600	6,10	3.660,00	5
4716	750	6,90	5.175,00	4
4717	110	19,00	2.090,00	8
4718	16400	0,06	984,00	10
4719	22900	0,07	1.603,00	9
4720	28200	0,08	2.256,00	7

Abbildung 66: Beispiel für den 1. Teil einer ABC-Analyse

2. Teil einer ABC-Analyse — Sortierung der ermittelten Bedarfszahlen in numerischer, aufsteigender Reihenfolge

Rang	Teile- / Artikel-Nr.	Bedarf pro Jahr in €	%-Anteil vom Gesamtwert	% - Anteil kumuliert	Wertgruppe
1	4711	33.176,00	39,7	30,7	A
2	4712	26.350,00	31,6	71,3	A
3	4714	5.400.00	6,5	77,8	B
4	4716	5.175,00	6,2	84,0	B
5	4715	3.660,00	4,4	88,4	B
6	4713	2.790,00	3,3	91,7	C
7	4920	2.256,00	2,7	94,4	C
8	4717	2.090,00	2,5	96,9	C
9	4719	1.603,00	1,9	98,8	C
10	4718	984,00	1,2	100,0	C
		83.484,00	100,0		

Abbildung 67: Beispiel für den 2. Teil einer ABC-Analyse

3. Teil einer ABC-Analyse — Zusammenfassung in die Wertgruppen A, B und C

Wertgruppe	Anzahl der Positionen	% - Menge (Positionen)	% - Anteil Wert	Wert / €
A	2	20,0	71,3	59.526,00
B	3	30,0	17,1	14.235,00
C	5	50,0	11,6	9.723,00
	10	100,0	100,0	83.484,00

Abbildung 68: Beispiel für den 3. Teil einer ABC-Analyse

Abbildung 69: Ziele der produktionssynchronen Beschaffung

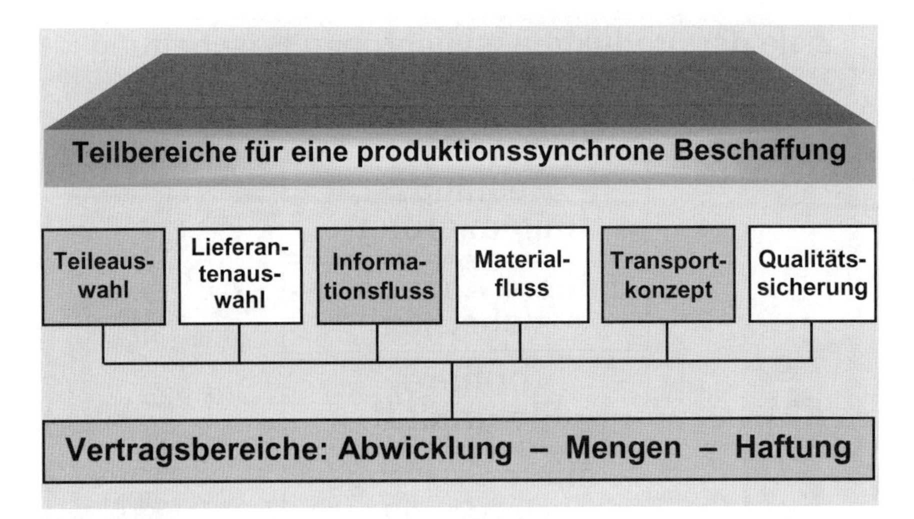

Abbildung 70: Teilbereiche für das Ziel der produktionssynchronen Beschaffung

3.8 Tätigkeiten bei der Warenverteilung im Lager

Bei der innerbetrieblichen Warenverteilung sind Tätigkeiten in den Bereichen

Einlagerung, Lagerung und Auslagerung

vorzunehmen.

Damit diese Tätigkeiten kostengünstig erfolgen, müssen die Abläufe regelmäßig und systematisch analysiert und optimiert werden. Hierzu werden u.a. die Kennzahlen aus Abbildung 31 herangezogen.

3.8.1 Einlagerung — Lagerung — Auslagerung

Die Tätigkeiten bei der Einlagerung, Lagerung und Auslagerung sind in Abbildung 71 dargestellt und die Tätigkeiten bei der Kommissionierung, Versandbereitstellung und Verladung zeigt Abbildung 72.

Abbildung 71: Darstellung der Warenverteilung und Tätigkeiten im Lager: Einlagerung – Lagerung – Auslagerung

3.8.2 Kommissionierung – Versandbereitstellung – Verladung

Abbildung 72: Darstellung der Tätigkeiten der Kommissionierung, Versandbereitstellung, Beladung des Transportmittels und Verladung der Ware

3.8.3 Ablauforganisation – von der Anlieferung bis zur Verladung

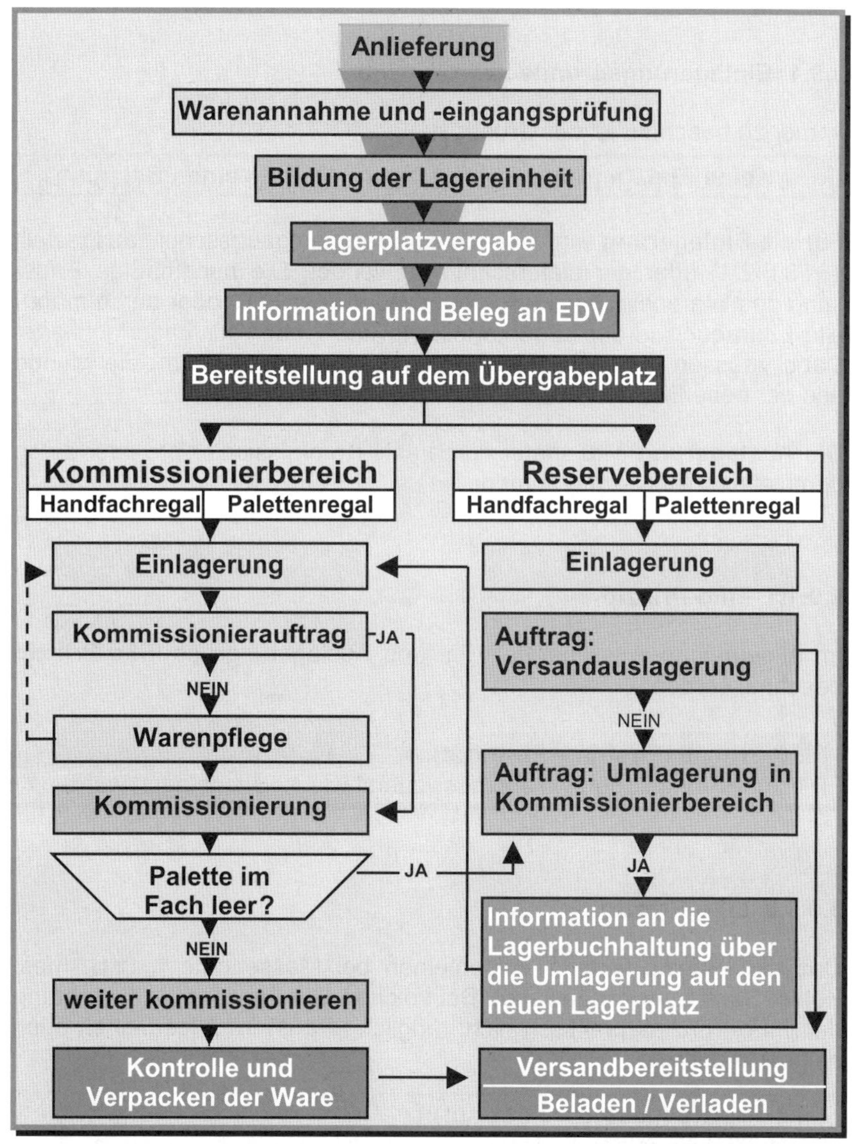

Abbildung 73: Ablauforganisation — von der Anlieferung bis zur Verladung

3.9 Einlagerung der Ware

3.9.1 Einlagerungsgrundsätze

Immer zu beachten ist der Grundsatz:

Keine Einlagerung oder Auslagerung ohne einen Beleg.

Für die Einlagerung wird vielfach ein Wareneingangsschein ausgestellt (→ 3.6.2.1) oder der Lieferschein verwendet. Die buchmäßige Erfassung des Wareneingangs erfolgt entweder über EDV oder durch manuelle Eintragung in der Lagerkarteikarte und / oder der Lagerfachkarte. Dabei müssen mindestens die Belegnummer, das Datum, die Menge und der neue Bestand erfasst werden.

Die Auslagerung wird später durch eine Kommissionierliste oder durch den Lieferschein vorgenommen.

3.9.1.1 FiFo-Prinzip

Im Allgemeinen muss bei der Ein- und Auslagerung das **FiFo-Prinzip** beachtet werden.

FiFo-Prinzip (First-in – First-out):
Die zuerst eingelagerte Ware muss zuerst wieder ausgelagert werden.

3.9.1.2 LiFo-Prinzip

Das LiFo-Prinzip wird im Allgemeinen bei Massengütern, (z.B. Kies, Kohle, Sand usw.) angewandt. Bei solchen Gütern wäre die Beachtung des FiFo-Prinzips praktisch nicht möglich und ist im Allgemeinen auch nicht erforderlich.

LiFo-Prinzip (Last-in – First-out):
Die zuletzt eingelagerte Ware, wird als erste wieder ausgelagert.

3.9.2 Einlagerungstechniken

Für die Einlagerung und Lagerung der Ware werden im Besonderen die **flexible Lagerung** (auch chaotische Lagerung genannt) und das artikelbezogene **Festplatzsystem** praktiziert. Die Wahl des geeigneten Systems ist von den verschiedensten Umständen abhängig (z.B. der Größe des Lagers, der Anzahl der Artikel und der Menge der Artikel).

Die Vor- und Nachteile der beiden Techniken wurden bereits unter den Punkten 3.2.2.1 (Festplatzsystem) und 3.2.2.2 (flexible Lagerhaltung) behandelt.

3.9.3 Vorverpackung

Da die Ware aus Platz- und Übersichtsgründen nicht lose in den Regalen gelagert werden sollte, wird diese in bestimmten, abgezählten Mengen in oder auf Packmitteln **vorverpackt**. Übliche Packmittel zur Vorverpackung sind z.B. Paletten, Gitterboxen, Behälter, Kartons, Kisten.

Vorteile der Vorverpackung sind u.a.:

- **eine bessere Raumausnutzung durch eine Stapelung,**
- **eine schnellere Entnahme der benötigten Mengen ohne zeitraubendes Zählen,**
- **ein Schutz der Ware (z.B. vor Staub) während der Lagerung,**
- **eine leichtere Bestandsaufnahme (Inventur),**
- **der Einsatz von Fördermitteln (z.B. Stapler) ist möglich und**
- **die Vorverpackung kann auch Versandverpackung sein.**

Abbildung 74: Vorteile von Vorverpackungen

3.9.4 Komplettierung

Das Abpacken oder Abfüllen verschiedener Waren (z.B. Hemd und Krawatte) zu einer Kombinationspackung wird Komplettierung genannt. Dieses sollte bereits vor der Einlagerung erfolgen. Dadurch ist im Lager eine schnelle Entnahme möglich. Kunden, die eigene Service-Werkstatt oder die Produktion können so schnell beliefert und bedient werden.

3.9.5 Preisauszeichnung

Ist die Ware für den Verkauf im Einzelhandel bestimmt, muss diese nach der gesetzlich vorgeschriebenen Preisangabenverordnung mit ihrem Endpreis ausgezeichnet werden. Außerdem ist die Gütebezeichnung (z.B. Handelsklasse) und bei Fertigpackungen im Lebensmittelbereich auch der Preis pro kg anzugeben.

Ware, welche in einem Einzelhandelslager eingelagert werden soll, wird oft vor der Einlagerung mit einem Preis ausgezeichnet. Die Preisauszeichnung kann aber auch während des Einräumens im Regal des Ladengeschäftes erfolgen.

Die gesetzlich vorgeschriebene Preisauszeichnung kann
- **an den Regalen oder Behältnissen, in denen sich die Ware befindet,**
- **auf der Ware selbst oder**
- **auf Preisschildern, welche im Laden an gut sichtbarer Stelle angebracht sind,**

erfolgen.

An der Ware kann die Befestigung der Preisschilder durch Klebe-, Hänge-, Ansteck- oder Sicherungsetiketten erfolgen. Auf den Preisschildern ist vielfach außer dem Preis noch die Artikelnummer, der Artikelname und in Form eines Code der Einkaufspreis, das Lieferdatum und der Lieferant festgehalten.

Mehr als 75 % aller Konsumgüter sind heute bereits vom Hersteller mit dem EAN-Code (**E**uropäische **A**rtikel **N**ummerierung) ausgezeichnet. Dieser Code ist als sog. Strichcode auf der Verpackung aufgedruckt und besteht aus 13 Strichen, welche aneinandergereiht sind. In diesem Code ist das Länderkennzeichen, die bundeseinheitliche Betriebsnummer (Herstellernummer), die Artikelnummer und eine Prüfnummer enthalten.

Länderkennzeichen	Herstellernummer	Artikelnummer	Prüfziffer
4 0	0 1 7 4 3	0 2 1 8 2	2

Unter dem Strichcode sind die codierten Zahlen lesbar aufgedruckt. Durch den EAN-Code kann der gesamte Warenumschlag und Verkauf – in Kombination mit einer EDV-Anlage – rationalisiert werden.

Im Einzelhandel wird der EAN-Code mittels eines Lesestifts oder Scanners photoelektronisch gelesen und die Information an den Kassencomputer weitergeleitet. Im Kassencomputer ist für alle Artikel der EAN-Code mit dem dazugehörenden Warenpreis abgespeichert. Auf dem Kassenbon wird automatisch der Name und die Anzahl des Artikels, der Einzelpreis und der Gesamtpreis ausgedruckt.

Dadurch entfällt das zeitaufwendige Eintippen der Preise an der Kasse. Als wichtiger Nebeneffekt ist positiv festzustellen, dass auch Fehleingaben nicht mehr möglich sind.

Vielfach ist ein Lagerverwaltungsprogramm integriert, so dass die Warenbestände durch die elektronische Erfassung der Warenausgänge an der Kasse automatisch aktualisiert werden. Täglich kann so für alle Artikel eine aktuelle Bestandsliste ausgedruckt werden. Nachbestellungen können kurzfristig beim Lieferanten erfolgen. Als wichtiger Nebeneffekt stehen Verkaufsstatistiken zur Verfügung.

3.10 Umweltschutz und Entsorgung

Im **Umweltrecht**, welches aus zahlreichen Gesetzen, Verwaltungsvorschriften und Richtlinien besteht, sind die wichtigsten Vorschriften zum Schutz der Umwelt zusammengefasst.

Das **Umweltstrafrecht** schützt die Umwelt als Ganzes, wobei in den einzelnen Vorschriften die Umweltmedien Wasser, Luft, Boden, die Tier- und Pflanzenwelt, vornehmlich jedoch Leben und Gesundheit der Menschen, geschützt werden.

Die Abfallentsorgung ist im Abfallgesetz geregelt und nimmt im Umweltrecht einen breiten Raum ein. Sachlicher Geltungsbereich des Abfallgesetzes ist die Abfallentsorgung, die Gewinnung von Stoffen und Energie aus Abfällen und das Ablagern von Abfällen sowie die hierzu erforderlichen Maßnahmen des Einsammelns, Beförderns, Behandelns und Lagerns. In diesem Rahmen regeln die Einzelvorschriften des Abfallgesetzes die Bereiche Abfallverwertung und die sonstige Abfallentsorgung.

Abfälle sind bewegliche Sachen, deren sich der Besitzer entledigen will oder deren geordnete Beseitigung zur Wahrung des Wohls der Allgemeinheit, insbesondere zum Schutze der Umwelt, geboten ist.

Für gefährliche und wassergefährdende Abfälle gelten nach dem Abfallgesetz zusätzliche, verschärfte Entsorgungsanforderungen. Diese Abfälle werden im allgemeinen Sprachgebrauch auch als **Sonderabfälle** bezeichnet. Zu den Sonderabfällen gehören z.B. Altöl, ölhaltige Abfälle, Batterien, elektronische Geräte (z.B. Computer).

3.10.1 Entsorgung des Verpackungsmaterials

In einem Lager steht in erster Linie die Entsorgung des nicht mehr benötigten Verpackungsmaterials an. Hierzu gehören z.B. leere **Kartonagen** und **Folien**.

Während leere Kartonagen von Fall zu Fall an den Absender zurückgesandt oder für eigene Verpackungszwecke zwischengelagert werden, sind diese Verpackungen im Allgemeinen im Unternehmen zu entsorgen.

Dazu stehen i.d.R. Presscontainer zur Verfügung. Die Kartons werden in diesen, von Entsorgungsunternehmen kostenpflichtig zur Verfügung gestellten Containern, raumsparend gepresst. Ist der Container voll, wird dieser auf Anforderung abgeholt und gleichzeitig wieder ein leerer Container im Unternehmen abgesetzt. Die gepressten Kartonagen werden im Rahmen des Wirtschaftskreislaufgesetzes wieder als Rohstoff für die Papier- und Kartonagenherstellung verwendet.

Gleiches muss mit den Folien (z.B. Stretchfolien, welche um Paletten gewickelt waren) geschehen. Auch solche Folien müssen gesammelt und der Wiederverwertung (Recycling) zugeführt werden. Verstöße gegen diese Vorschriften werden mit Geldbußen geahndet.

3.11 Lagerung der Ware

3.11.1 Warenkontrolle und Warenpflege

Zur Warenlagerung gehören **Warenkontrolle** und **Warenpflege**. Damit die Ware verkaufs- und gebrauchsfähig bleibt, muss sie gepflegt, z.B. entstaubt, gewendet, gewässert, belüftet, begast und vor Ungeziefer geschützt werden.

Hiermit verbunden ist die regelmäßige Kontrolle der Ware nach **Qualität** und **Quantität.** Solche Kontrollen sollten je nach Warenart täglich, wöchentlich, monatlich oder bei Ein- und Auslagerungen erfolgen.

Bei diesen Kontrollen wird nur noch bedingt verkaufsfähige Ware ausgesondert und anschließend mit Preisnachlässen verkauft, während unverkäufliche Ware entnommen und entsorgt wird.

Mengenmäßige Kontrollen erfolgen durch **Soll-Ist-Vergleich**. Dabei wird der tatsächliche Lagerbestand (Ist-Bestand) mit dem Sollbestand der Lagerbuchhaltung (Lagerkartei / EDV / Lagerfachkarte) verglichen.

Bei diesen Kontrollen werden i.d.R. auch Fehlmengen festgestellt. Ursachen für Fehlmengen können z.B. sein:

- **falsche Eintragungen in der Lagerbuchhaltung,**
- **Einlagerungen in falsche Lagerplätze,**
- **Auslagerungen aus falschen Lagerplätzen,**
- **Ein- oder Ausgänge im Lager, ohne gleichzeitige Eintragung in der Lagerbuchhaltung,**
- **Diebstahl,**
- **Schwund und Gewichtsverluste (aufgrund der Eigenart der Ware) während der Lagerung (z.B. bei Flüssigkeiten).**

Abbildung 75: Mögliche Ursachen für Fehlmengen im Lager

Die Anzahl der Kontrollen bleibt dem jeweiligen Unternehmen überlassen. Der Gesetzgeber (§ 240 Handelsgesetzbuch) verpflichtet jeden Kaufmann jedoch zu einer **jährlichen Inventur**[5] (→ 3.11.2)

[5] Inventur = körperliche Bestandsaufnahme der Warenbestände durch Zählen, Messen, Verwiegen etc.

3.11.2 Inventur und Inventurarten

Jeder Kaufmann ist verpflichtet, zum Ende des Wirtschaftsjahres (ein Wirtschaftsjahr kann, muss aber nicht mit dem Kalenderjahr identisch sein) ein Inventar (Bestandsverzeichnis) und eine Bilanz aufzustellen.

Eine Voraussetzung zur Erstellung des Inventars ist die **Inventur** (die körperliche Bestandsaufnahme durch Zählen, Messen, Wiegen, usw.). In der Praxis werden verschiedene Inventurarten praktiziert, welche nachfolgend beschrieben werden.

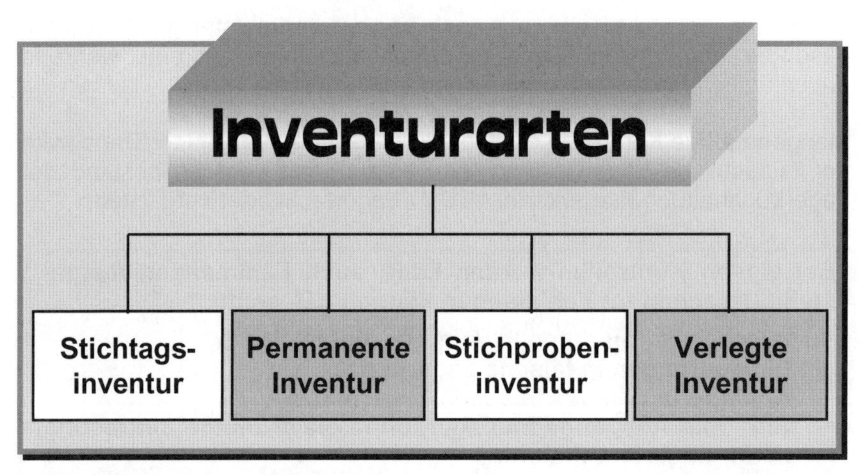

Abbildung 76: Inventurarten

Stichtagsinventur

Bei der Stichtagsinventur wird der Bestand zum Ende des Geschäftsjahres (= Bilanzstichtag) körperlich durch eine Inventur ermittelt. Diese Inventur erfordert sehr viel Arbeit, weshalb die Betriebe in der Regel an diesem Tag (und oft noch ein oder zwei Tage vorher) geschlossen haben. Die Inventur läuft dabei nach einem genau festgelegten Plan ab.

Ablauf der Stichtagsinventur

- Bestimmung des Zähl- und Stichtages, falls beide auseinanderfallen;
- Verteilung der Inventurarbeiten auf die Mitarbeiter;
- Übergabe von Arbeitsanweisungen für die Inventur;
- mengenmäßige Aufnahme der Warenbestände durch Zählen, Messen und Wiegen;
- Erfassung dieser Bestände auf Inventurlisten;
- Erfassung der ggf. am Zähl- und Stichtag verkauften Waren in Abschreibungslisten und Eintragung in den Inventurlisten
- Bewertung der Waren zum Anschaffungspreis, bei beschädigten oder unmodernen Waren zum niedrigeren Teilwert.

Abbildung 77: Ablauf der Stichtagsinventur

Wertsteigerungen dürfen bei den Bewertungen nicht berücksichtigt werden, da grundsätzlich das Niedrigstwertprinzip gilt.

Permanente Inventur

Eine permanente[6] Inventur kann praktiziert werden, wenn sich der Bestand einer Ware jederzeit aufgrund der geführten Lagerfachkarten, Lagerbücher (Lagerkartei) oder durch die EDV feststellen lässt.

Die Finanzämter legen für die Durchführung der permanenten Inventur strenge Maßstäbe an. Die Voraussetzungen, welche zur Durchführung der permanenten Inventur erfüllt sein müssen, zeigt Abbildung 78.

[6] permanent = dauernd, ständig, ununterbrochen

Voraussetzungen für die permanente Inventur

- In Lagerbüchern (Lagerfachkarten) oder durch EDV müssen alle Zu- und Abgänge einer Ware mit Datum, Art und Menge, ggf. auch dem Lagerplatz, eingetragen werden.
- Für alle Zu- und Abgänge müssen nachprüfbare Unterlagen vorliegen.
- Mindestens einmal im Wirtschaftsjahr ist durch eine körperliche Inventur der Ist-Bestand zu ermitteln und mit dem Sollbestand (Lagerkartei, Lagerfachkarte oder EDV) zu vergleichen. Bei Abweichungen ist der Sollbestand zu berichtigen
- Das Datum der Inventur ist in der Inventurliste, in der Lagerfachkarte und in der Lagerkartei / EDV zu vermerken.
- Die Inventurunterlagen müssen mindestens 10 Jahre aufbewahrt werden.

Abbildung 78: Voraussetzungen für die permanente Inventur

Sind die vorgenannten Voraussetzungen erfüllt, kann am Bilanzstichtag der vorliegende **buchmäßige** Bestand (Soll-Bestand) als tatsächlicher Bestand (Ist-Bestand) angesetzt werden.

Die permanente Inventur hat folgende Vorteile:

- Der Betrieb muss am Zähltag nicht geschlossen werden.
- Die Inventur kann dann vorgenommen werden, wenn der Bestand am niedrigsten ist und die Mitarbeiter Zeit haben.
- Die Inventurarbeiten werden über das ganze Jahr verteilt.
- Der Bestand kann jederzeit aus der Lagerfachkarte oder der Lagerkartei / EDV entnommen werden.

Abbildung 79: Vorteile der permanenten Inventur

Stichprobeninventur

Große Lager (z.B. Hochregallager) und eine immer größer werdende Artikelvielfalt erschweren den Unternehmen die Inventur zu einem bestimmten Zeitpunkt. Deshalb erlaubt der Gesetzgeber (§ 241 Handelsgesetzbuch), dass die Bestandsaufnahme der Vermögenswerte nach Menge, Art und Wert auch mit Hilfe anerkannter mathematisch-statistischer Methoden aufgrund von Stichproben ermittelt werden kann. Dieses Verfahren muss den Grundsätzen einer ordnungsgemäßen Buchführung entsprechen. Die durch die Stichprobeninventur ermittelten Ergebnisse müssen den gleichen Aussagewert wie eine körperliche Bestandsaufnahme erreichen.

Voraussetzungen für den Einsatz der Stichprobeninventur

Voraussetzungen für den Einsatz der Stichprobeninventur sind

- **ein großes Lager mit mindestens 2000 Artikeln,**
- **ein EDV-Lagerbuchhaltungssystem, welches genaue Information über Zu- und Abgänge und Bestände gibt,**
- **5 % der gelagerten Teile sollen mindestens 40 % des Lagerwertes ausmachen. Für die Feststellung, ob diese Voraussetzung vorliegt, kann die bereits beschriebene ABC-Analyse Anwendung finden (→ 3.7.3).**

Diese Inventurart muss vor ihrer Anwendung durch das für den Betrieb zuständige Finanzamt genehmigt werden!

Abbildung 80: Voraussetzungen für den Einsatz der Stichprobeninventur

Werden mindestens 5 % der gelagerten Teile durch eine Stichprobeninventur erfasst, so hat man **wertmäßig** bereits einen Großteil des Lagerbestandes aufgenommen. Außer diesem kleinen Prozentsatz an wertvollen Gütern werden noch andere wichtige Positionen wie bisher in vollem Umfang aufgenommen.

Aus dem verbleibenden Restbestand von ca. 90 % des Lagerbestandes entnimmt man anschließend nach dem Zufallsprinzip eine Stichprobe. Diese Inventurart führt zu Einsparungen an Zeit und Personal, ohne dass der Aussagewert der Inventur beeinträchtigt wird.

3.11.3 Verlegte Inventur

Der Gesetzgeber erlaubt eine Verlegung der Inventur, wenn eine Stichtagsinventur (z.B. wegen großer Bestände) oder eine permanente Inventur (weil z.B. die Voraussetzungen fehlen) nicht möglich ist.

Die körperliche Bestandsaufnahme kann bei der verlegten Inventur innerhalb der letzten 3 Monate vor oder innerhalb der ersten 2 Monate nach dem Bilanzstichtag erfolgen.

Der Bestand bei der verlegten Inventur wird nach Art und Menge festgestellt und anschließend bewertet.

Die zwischen dem Tag der Bestandsaufnahme und dem Bilanzstichtag erfolgten Ein- und Ausgänge werden durch Aufzeichnungen auf den Bilanzstichtag fortgeschrieben oder zurückgerechnet.

3.12 Wirtschaftlichkeit im Lager

Was bedeutet Wirtschaftlichkeit im Lager?
Mit Wirtschaftlichkeit im Lager werden die durch die Lagerung der Ware entstehenden Kosten bezeichnet. Ziel soll und muss sein, diese Kosten so gering wie möglich zu halten, da diese den Preis des Produktes wesentlich beeinflussen.

3.12.1 Lagerkosten

Damit die Lagerkosten niedrig bleiben, müssen diese laufend beobachtet und analysiert werden.

Die Lagerkosten lassen sich in 5 Teilbereiche (Kapitalkosten, Lagerraumkosten, Personalkosten, Transportmittelkosten und Vorratsrisikokosten) unterteilen (→ Abbildung 81).

Kapitalkosten	Lagerraumkosten	Personalkosten	Transportmittelkosten	Vorratsrisikokosten
Zinsen für Materialvorräte	Abnutzung der Gebäude	Lohnkosten der Lagermitarbeiter	Abnutzung der Transportmittel	Ladenhüter und veraltete Materialien
Zinsen für Boden und Gebäude	Abnutzung der Lagerausstattung	Gehaltskosten der Angestellten	Treibstoffverbrauch	Rost und Schwund
Zinsen für Lager- und Büroausstattung	Kosten für – Instandhaltung – Heizung – Strom – Wasser – Reinigung – Versicherungen	Sozialkosten des Arbeitgebers	Kosten für – Instandhaltung – Steuern – Versicherungen	Verluste – bei der Inventur – durch Diebstahl – durch sinkende Preise
				Versicherung der Vorräte

Abbildung 81: Darstellung der Lagerkosten in den einzelnen Teilbereichen

Zur Senkung der Lagerkosten müssen als erste Maßnahme die Verlustquellen im Lager analysiert werden. Verluste in einem Lager haben die verschiedensten Ursachen. Eine regelmäßige Analyse dieser Verlustquellen ist unbedingt erforderlich, damit entsprechende Maßnahmen ergriffen werden können.

Die üblichen Verlustquellen in einem Lager können in 7 Kategorien aufgeteilt werden (→ Abbildung 82).

Verlustquellen in einem Lager:

1. Unzureichende Warenannahme WA	■ keine separate Wareneingangszone ■ unzulässige Kennzeichnung der Ware ■ nicht geregelte Annahmezeiten ■ keine Absprachen der Mengenbestellung
2. Einlagerungsfehler	■ ungeschultes Personal ■ unmotiviertes Personal ■ fehlende Verantwortung ■ fehlender Anreiz zum Mehrverdienst ■ unzureichende Platzdisposition
3. Kommissionierfehler	■ unsachgemäße Entnahme ■ unterschiedliche Mengeneinheiten ■ nicht vorgegebene Entnahmereihenfolge
4. Unsachgemäße Bereitstellung	■ nicht ausreichende Platzdisposition ■ fehlende Behälter und Transportmitteldisposition ■ unzureichende Kennzeichnung der Aufträge ■ Nummernverwechslung
5. Unkontrollierter Warenausgang / Diebstahl	■ fehlerhafte Disposition ■ unregelmäßige Lade- und Abholzeiten ■ unbegrenzte Zutrittsmöglichkeiten ■ offene Tore und Türen ■ nicht überwachte Abholer ■ Warenausgänge ohne ausreichende Aufsicht ■ manipulierbare Begleitpapiere
6. kaufmännische Fehler	■ falsche Eingabe in der EDV / Kartei ■ unsachgemäße Formulare ■ verschiedenartige Formularsätze ■ ungenügende Rechnungsprüfung ■ Buchungsfehler
7. Bruch und Verderb	■ Rost durch falsche Lagerung (Feuchtigkeit) ■ die erforderliche Temperatur wird nicht eingehalten ■ das FiFo-Prinzip wird nicht beachtet

Abbildung 82: Mögliche Verlustquellen in einem Lager

Im Rahmen des Materialflusses im Lager entstehen Kosten durch
- **die Einlagerung,**
- **die Lagerung und**
- **die Auslagerung,**

welche nachstehend beispielhaft dargestellt sind:

Einlagerung	Lagerung	Auslagerung
– Einlagerungs-kontrolle	– umlagern	– kommissionieren
– auspacken	– sortieren	– sortieren
– kontrollieren	– Bestandspflege	– kontrollieren
– sortieren	– Inventur	– verpacken
– einlagern		– bereitstellen
		– verladen

Abbildung 83: Lagerkosten, welche im Rahmen des Materialflusses entstehen

Ein wichtiges Instrument zur Steuerung und Kontrolle der Lagerkosten ist eine bereichsbezogene Kostenrechnung. Alle mit der Bewirtschaftung und Unterhaltung eines Lagers entstehenden Kosten müssen nach Kostenarten erfasst werden. Dadurch ist eine detaillierte Kalkulation der Lagerkosten möglich, welche auch in die Kalkulation des Produktpreises einfließen können.

Im Rahmen der Kostenrechnung wird nach Kostenarten unterschieden. Hierzu gehören u.a.

- **Raumkosten,**
- **Betriebsmittelkosten,**
- **Personalkosten,**
- **EDV-Kosten,**
- **Lagerfolgekosten und**
- **Fremdleistungskosten.**

Welche Kosten zu den vorgenannten Kostenarten gehören, wird in den folgenden Abbildungen dargestellt.

Raumkosten

Zu den Raumkosten zählen u.a.:

- kalkulatorische Abschreibung des Wertverlustes,
- kalkulatorische Verzinsung, alternativ: die gezahlte Miete,
- Versicherung und Steuern,
- Wartung / Instandhaltung,
- Energiekosten (z.B. Gas, Heizöl, Strom, Wasser).

Abbildung 84: Raumkosten

Betriebsmittelkosten

Zu den Betriebsmittelkosten werden u.a. gerechnet:

- kalkulatorische Abschreibung für den Wertverlust,
- kalkulatorische Verzinsung, alternativ: die gezahlte Miete,
- Versicherungskosten, evtl. auch Steuern,
- Wartung / Instandhaltung,
- Reinigungskosten,
- Energiekosten (z.B. Diesel, Gas, Strom),
- Verpackungsmittel und
- Umschlagshilfsmittel.

Abbildung 85: Betriebsmittelkosten

Personalkosten

Zu den Personalkosten gehören:

- die gezahlten Löhne und Gehälter (incl. sozialer Leistungen),
- Prämien,
- Sozialaufwendungen (Arbeitslosen-, Kranken-, Renten- und Pflegeversicherung),
- Berufsgenossenschaftsbeiträge.

Abbildung 86: Personalkosten

EDV-Kosten

Zu den EDV-Kosten gehören:

- Hardware,
- Software,
- Wartung,
- Programmpflege und -erweiterung

Abbildung 87: EDV-Kosten

Lager-Folgekosten

Zu den Lager-Folgekosten werden gerechnet:

- Kosten des Fertigwarenbestandes,
- Reparaturkosten,
- Stillstandskosten und
- Kosten für Schäden.

Abbildung 88: Lager-Folgekosten

Materialkosten

Die Materialkosten gehören zu den Lagerkosten. Hierzu werden

- **Büromaterial**
  (z.B. Formulare, Schreibmaterial, Heftapparate etc.)
  und
- **Verpackungsmaterial**

gerechnet.

Abbildung 89: Materialkosten

Die Lagerkosten sind ein Teil des Verkaufspreises des Produzenten oder Handelsunternehmens. Sind diese hoch, verteuert sich das Produkt und ist u.U. am Markt nicht oder zumindest schlecht verkäuflich. Für jedes Unternehmen ist es deshalb besonders wichtig, in diesem Bereich kostengünstig zu arbeiten.

Mit dem Verkaufserfolg der Produkte entscheidet sich der Erfolg oder Misserfolg des Unternehmens und jeder einzelne Arbeitsplatz.

Zu den eigentlichen Produktionskosten werden die Kosten des Vertriebs (Lagerhaltung, Auftragsbearbeitung und Transport) hinzugerechnet. Diese Kosten machen meistens einen erheblichen Anteil am Gesamtverkaufspreis der Ware aus.

Auch die richtige Wahl des Verpackungsmittels (z.B. der Kartongrößen), bezüglich der Stapelbarkeit auf Paletten, kann zu Kosteneinsparungen führen. Die Verpackung muss aufgrund der Eigenart der Ware und des eingesetzten Lademittels (z.B. Euro-Palette oder Gitterbox) gewählt werden. Geschieht dieses, können Stauräume vermieden und z.B. mehr Kartons auf einer Europalette verladen werden.

Sollen Kartons unterschiedlicher Größe auf einer Palette verladen werden, muss zur optimalen Auslastung der Palette ein Stauplan erstellt werden. Gefühlsmäßiges Beladen einer Palette bringt vielfach keine effektive Auslastung einer Palette und hat zur Folge, dass weniger Kartons darauf Platz finden. **Dadurch entstehen in der Regel höhere Transportkosten.**

3.12.2 Lagerbestände

Die Kunden fordern und erwarten von ihren Lieferanten ein immer umfangreicheres Produktsortiment. Dies führt zu einem stetig steigenden Aufwand im Bereich der Lagerhaltung. Will der Lieferant für seine Kunden einen ausreichenden Lieferservice gewährleisten, führt die Sortimentserweiterung zwangsläufig zu einer Erhöhung des Lagerbestandes, was mit höheren Lagerkosten verbunden ist.

Ein großer Lagerbestand verursacht höhere Lager- und auch Zinskosten (gebundenes Kapital). Außerdem ist bei einem hohen Lagerbestand das Risiko größer, dass Ware unverkäuflich wird (veraltet, verdirbt) oder in Verlust gerät (u.a. Diebstahl).

Ein kleiner Lagerbestand führt dazu, dass Kunden nicht immer sofort beliefert werden können. Eine Störung des Produktionsablaufes (weil Aufträge zwischengeschoben werden müssen) oder der Verlust eines unzufriedenen Kunden (weil er zulange auf die Ware warten musste) sind die Folge.

Es muss also der optimale Lagerbestand in jedem Unternehmen ermittelt werden. Ein optimaler Warenbestand sichert dem Unternehmen die größte Wirtschaftlichkeit. Jedes Unternehmen muss also größten Wert darauf legen, dass der Warenbestand weder zu hoch noch zu niedrig ist und der Lieferservice, also die Lieferfähigkeit gegenüber den Kunden, gewährleistet und erhalten bleibt.

Werden Waren zugekauft oder produziert, ist aus der Sicht des Lagerbestandes die optimale Bestellmenge wichtig. Diese ist von verschiedenen Faktoren abhängig.

Die folgenden Abbildungen zeigen die Abhängigkeit der optimalen Bestellmenge und die Nachteile großer und kleiner Bestellmengen.

Optimale Bestellmenge

Die optimale Bestellmenge ist u.a. abhängig
- vom voraussichtlichen Absatz,
- vom vorhandenen Lagerbestand,
- von der Haltbarkeit der Ware,
- von der zukünftigen Preisentwicklung,
- von Sonderangeboten und
- der eigenen Zahlungsfähigkeit.

Abbildung 90: Abhängigkeiten bei der Ermittlung der optimalen Bestellmenge

Nachteile großer Bestellmengen

Große Bestellmengen führen zu hohen Lagerbeständen und damit zu
- mehr (in den Lagerbestand) gebundenem Kapital und dadurch gleichzeitig zu
- höheren Zinsen und
- höheren Lagerkosten sowie
- dem Risiko des Verderbs und Überalterns der Waren.

Abbildung 91: Nachteile großer Bestellmengen

Nachteile kleiner Bestellmengen

Kleine Bestellmengen haben den Nachteil, dass

- **Kunden nicht prompt beliefert werden können und zum Wettbewerb gehen (Kundenverlust) und dadurch Gewinn entgeht,**
- **Mengenrabatte von Lieferanten nicht gewährt werden,**
- **Produktionsverzögerungen entstehen können,**
- **ein größerer Bestell- und Arbeitsaufwand erforderlich ist und**
- **höhere Transportkosten entstehen.**

Abbildung 92: Nachteile kleiner Bestellmengen

Damit die benötigten Waren optimal am Lager vorrätig sind, haben die meisten Unternehmen **Höchstbestände, Bestell- / Meldebestände und Mindestbestände** festgelegt. Der Mindestbestand wird auch **eiserner Bestand, Reserve-** oder **Sicherheitsbestand** genannt.

Die Lagerbestände ergeben sich aus der **Umschlagshäufigkeit** (Belieferung und Absatz) und dem Mindestbestand (Reserve-, Sicherheits- bzw. eiserner Bestand). Durch die für jeden Artikel festgelegte Bestandskennzahl, welche immer wieder angepasst und optimiert werden muss, ist eine verbesserte Warenbevorratung im Lager möglich.

Bei der Festlegung und Änderung der Bestandsgrenzen müssen ggf. saisonale Schwankungen berücksichtigt werden.

Deshalb muss jedes Unternehmen festlegen, wie oft und zu welchen Jahreszeiten eine Anpassung vorgenommen werden muss. Mit wachsendem Meldebestand kann zwar die Lieferfähigkeit (Lieferservice) erhöht werden, aber in der Regel ist damit auch eine Erhöhung der Lagerkosten verbunden. Die Höhe der Bestände geht unmittelbar in das gebundene (tote) Kapital und die Erhöhung der Lagerkapazität mittelbar in die Kosten der Lagerhaltung ein. Dieses kann dazu führen, dass ein Unternehmen nicht mehr liquide ist, also nicht mehr über genügend flüssige Finanzmittel verfügt.

3.12.3 Lagerkennzahlen

Lagerkennzahlen geben dem Unternehmen die Möglichkeit, die verschiedensten Lagerkosten zu berechnen und den Lagerbestand zu optimieren. Die wichtigsten Lagerkennzahlen werden nachfolgend dargestellt.

3.12.4 Bestandskennzahlen

Durch die Bestandskennzahlen, welche zu den Lagerkennzahlen gehören, ist eine im Allgemeinen optimale Bewirtschaftung und Warenbevorratung im Lager möglich.

Bestandskennzahlen

Zu den Bestandskennzahlen gehören

- **der Höchstbestand,**
- **der Melde- oder Bestellbestand,**
- **der Mindestbestand und**
- **der durchschnittliche Lagerbestand.**

Abbildung 93: Bestandskennzahlen

Der **Höchstbestand** im Lager wird i.d.R. von der Unternehmensleitung für jeden Artikel festgelegt und darf nur mit deren Zustimmung überschritten werden. Der Höchstbestand wird unter Berücksichtigung der Bestellzyklen und -mengen der Kunden und dadurch durch die Umschlagshäufigkeit ermittelt und festgelegt.

Dieses bedarf einer genauen Analyse und muss immer wieder überarbeitet und angepasst werden. Geschieht dies nicht, kommt es zu unnötigen und vermeidbaren Höchstbeständen und dadurch zu zusätzlichen, vermeidbaren Lagerkosten und Lagerzinsen. Da die Lagerkosten ein Teil des Warenpreises sind, erhöht sich dieser dadurch unnötig.

Der **Meldebestand** – auch Bestellbestand genannt – wird in jedem Unternehmen individuell für jeden einzelnen Artikel festgelegt. Um den Meldebestand richtig zu ermitteln, sind Informationen über die eigene Produktionszeit oder die Lieferzeit des Lieferanten besonders wichtig.

Wird bei der Auslagerung eines Artikels festgestellt, dass der Meldebestand erreicht ist, muss nachbestellt werden. Für die Nachbestellung ist im Allgemeinen die Abteilung Einkauf zuständig. Die Einkaufsabteilung wird den Artikel, wenn dieser im eigenen Unternehmen produziert wird, bei der Produktion in Auftrag geben oder bei einem Lieferanten bestellen.

Grundsätzlich muss immer so frühzeitig bestellt werden, dass die im Lager vorhandene Ware ausreicht, um Kundenbestellungen prompt erledigen zu können, bzw. die Produktion beliefern zu können und der Mindestbestand nicht angegriffen werden muss.

Berechnung des Meldebestandes

Der Meldebestand wird nach der Formel

Meldebestand =
Tagesumsatz x Lieferzeit + Mindestbestand

berechnet.

Abbildung 94: Berechnung des Meldebestandes

Durch den Mindestbestand ist für jeden Artikel festgelegt, wie hoch dieser Bestand sein muss. Der Mindestbestand darf im Allgemeinen nur aus ganz wichtigen Gründen und nur mit ausdrücklichem Einverständnis der Geschäftsführung unterschritten werden. **Dieses bedeutet, dass der Mindestbestand nur in einem besonderen Notfall angegriffen werden darf.**

Ein Notfall könnte der Ausfall der eigenen Produktionsmaschine oder das Ausbleiben einer Warenlieferung sein. Damit die Kunden nun doch pünktlich beliefert werden können, wäre in einem solchen Fall auch der Mindestbestand anzugreifen. **Dieser muss jedoch unverzüglich wieder aufgefüllt werden!**

3.12.5 Durchschnittlicher Lagerbestand

Der Durchschnittsbestand zeigt, wie hoch der durchschnittliche Lagerbestand in einem Jahr war.

Je mehr Bestände eines Artikels in diese Berechnung einfließen, desto genauer ist die Berechnung und wird bei der monatlichen Inventur am besten erreicht. Für die Berechnung des durchschnittlichen Lagerbestandes gibt es verschiedene Berechnungsmethoden, welche in der folgenden Abbildung dargestellt sind.

Berechnungsmethoden für den durchschnittlichen Lagerbestand

Der durchschnittliche Lagerbestand kann aufgrund
- **der Jahresinventur,**
- **von Vierteljahresinventuren oder**
- **von Monatsinventuren**

ermittelt werden.

Abbildung 95: Methoden zur Ermittlung des durchschnittlichen Lagerbestandes

Die Berechnungsmethoden für die Jahres-, Vierteljahres- und Monatsinventur sind nachstehend beschrieben.

Bei der Jahresinventur errechnet sich der durchschnittliche Lagerbestand nach der Formel:

$$\text{Ø Lagerbestand} = \frac{\text{Anfangsbestand (01.01.) + Endbestand (31.12.)}}{2}$$

Bei der Vierteljahresinventur wird der durchschnittliche Lagerbestand wie folgt berechnet:

$$\text{Ø Lagerbestand} = \frac{\text{Anfangsbestand (01.01.) + 4 Quartalsbestände}}{5}$$

Bei der Monatsinventur wird der durchschnittliche Lagerbestand nach der folgenden Formel berechnet:

$$\text{Ø Lagerbestand} = \frac{\text{Anfangsbestand (01.01.) + 12 Monatsbestände}}{13}$$

Die Informationen, welche ein Unternehmen aus dem durchschnittlichen Lagerbestand entnehmen kann, ist eine sehr wichtige Kennzahl für weitere Entscheidungen (z.B. Vergrößerung oder Verkleinerung der erforderlichen Lagerkapazitäten, eine Veränderung der festgelegten Höchst- oder Mindestbestände usw.). Ist diese Kennzahl aus Monatsinventuren ermittelt worden, ist die Genauigkeit und die Aussagefähigkeit entsprechend groß.

Eine Monatsinventur hat als wichtigen Nebeneffekt auch noch einen anderen Wert:

Fehlbestände – entstanden durch Falschlieferungen oder durch Diebstahl – **werden festgestellt.** Korrekturen der Bestandsdatei oder -kartei können somit in kurzen und überschaubaren Zeiträumen vorgenommen werden. **Dadurch wird die Lieferfähigkeit des Unternehmens erhöht.**

3.12.6 Lagerumschlag – Umschlagshäufigkeit bzw. Umschlagsgeschwindigkeit

Die Umschlagshäufigkeit ist ein wesentlicher Faktor. Durch diesen kann ermittelt werden, ob ein Lager wirtschaftlich unterhalten wird. Die Umschlagshäufigkeit wird bestimmt durch den Absatz, also die verkauften Produkte.

Absatz ist die während eines bestimmten Zeitraumes (z.B. Monat, Vierteljahr, Halbjahr oder Jahr) verkaufte Menge eines Produktes.

Umsatz ist der Wert des verkauften Produktes zum jeweils berechneten Verkaufspreis.

Wareneinsatz ist der Wert aller verkauften oder verbrauchten Produkte, berechnet zum Einstands- oder Bezugspreis. Der Wareneinsatz kann durch Materialentnahmescheine oder eine Befundberechnung ermittelt werden.

Beide Arten der Ermittlung haben Vor- und Nachteile, welche in Abbildung 96 dargestellt werden.

Die genaueste, aber vom Aufwand auch kostenintensivere Methode, ist die Berechnung des Materialeinsatzes nach der Bewertung durch Materialscheine. Besonders bei großen Lagern sollte diese Methode möglichst praktiziert werden.

Berechnung des Wareneinsatzes

	Materialscheine	Befundrechnung
Vorteile	– Eine Überprüfung der einzelnen Entnahmen aus dem Lager ist möglich. – Die Zuordnung zur richtigen Kostenstelle ist möglich.	– Einfach, weil die Werte aus der Finanzbuchhaltung entnommen werden können. – Deshalb ist diese Methode kostengünstig.
Nachteile	– Es entsteht ein höherer Personalaufwand.	– Es ist keine Zuordnung zu den einzelnen Kostenstellen möglich.

Abbildung 96: Berechnung des Wareneinsatzes – Vor- und Nachteile der Berechnung nach Materialscheinen und der Befundrechnung

Die Berechnung des **Einstands- oder Bezugspreises** ist in der folgenden Abbildung dargestellt.

Berechnung des Einstands- oder Bezugspreises

Listenpreis	./. Rabatt	= Zieleinkaufspreis
Zieleinkaufspreis	./. Skonto	= Bareinkaufspreis
Bareinkaufspreis	+ Transportkosten	= Bezugspreis (= Einstandspreis)

Abbildung 97: Berechnung des Einstands- oder Bezugspreises

Soll der Wert des Wareneinsatzes durch die Befundrechnung ermittelt werden, so ist dieses mit der Formel in Abbildung 98 möglich.

Abbildung 98: Berechnung des Wareneinsatzes durch die Befundrechnung

Berechnung des Lagerumschlags

Der Lagerumschlag (auch Umschlagshäufigkeit oder Umschlagsgeschwindigkeit genannt) wird mit der nachstehenden Formel berechnet:

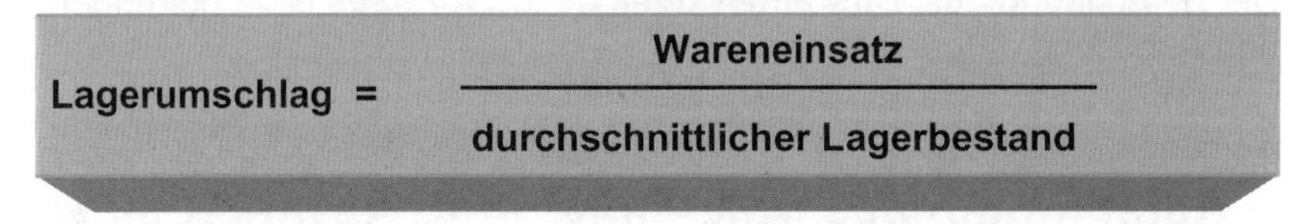

Je höher die Anzahl der Lagerumschläge ist, je größer sind die Vorteile für eine wirtschaftliche Lagerhaltung.

Die Vorteile einer großen Umschlagshäufigkeit stellen sich dar durch

- **die Einsparung von Zinsen,**
- **die Reduzierung der Lagerkosten,**
- **die Verringerung des Kapitalbedarfs für die gelagerte Ware und**
- **die Verringerung des Lagerungsrisikos.**

Ziel eines jeden Unternehmens sollte es also sein, die Umschlagshäufigkeit (Umschlagsgeschwindigkeit) im Lager zu erhöhen. Dadurch können die Lagerkosten – und somit auch die Produktkosten – gesenkt werden. Das Produkt kann durch geringere Lagerkosten preiswerter am Markt angeboten werden. Durch günstigere Preise können größere Stückzahlen verkauft werden und dadurch wiederum ein optimaler Lagerumschlag erreicht werden. Aufgrund eines erhöhten Lagerumschlags besteht als positiver Nebeneffekt die Möglichkeit, dass im Lager nicht nur Arbeitsplätze gesichert, sondern ggf. noch erhöht werden.

Bei richtigem Handeln kann ein für das Unternehmen positiver Kreislauf in Gang gesetzt werden. Deshalb sollte in genau festgelegten Abständen geprüft werden, wie die Umschlagsgeschwindigkeit der einzelnen Artikel erhöht und damit die Lager- und Produktkosten gesenkt werden können.

Maßnahmen zur Erhöhung des Lagerumschlags

Eine Erhöhung des Lagerumschlags kann einerseits durch einen größeren Wareneinsatz oder andererseits durch einen geringeren durchschnittlichen Lagerbestand erreicht werden. Abbildung 99 zeigt beispielhaft verschiedene Möglichkeiten, wie der Lagerumschlag erhöht werden kann. Wenn die hier genannten Möglichkeiten berücksichtigt und umgesetzt werden, ist in den Unternehmen Wesentliches zur Optimierung der Umschlagshäufigkeit und zur Wirtschaftlichkeit des Lagers getan worden.

Welche Maßnahmen im Einzelfall sinnvoll und erfolgversprechend sind, muss im Unternehmen von Fall zu Fall entschieden werden. Saisonale und regionale Situationen spielen hier ebenso eine Rolle wie Entwicklungen in der betreffenden Branche.

3.12.7 Durchschnittliche Lagerdauer

Über die durchschnittliche Lagerdauer kann ermittelt werden, wie lange eine Ware im Durchschnitt im Lager gelagert hat.

Maßnahmen zur Erhöhung des Lagerumschlags

Eine Erhöhung des Lagerumschlags (Umschlagsgeschwindigkeit) ist u.a. möglich durch

- **einen geringeren durchschnittlichen Lagerbestand, z.B. durch**
  - Aufstellung von **Plänen für die Beschaffung**,
  - regelmäßige **Bestandskontrollen**,
  - kleinere **Bestellmengen** (größerer Aufwand und Kosten!),
  - die Festlegung von **Höchstbeständen**,
  - **Kauf auf Abruf** (der Kaufvertrag wird sofort geschlossen, die Lieferung erfolgt bei Bedarf auf Abruf) und
  - weitere **individuelle Maßnahmen.**

- **einen größeren Wareneinsatz, z.B. durch**
  - Bereinigung des Warensortiments (z.B. durch Herausnahme schlecht verkaufbarer Ware),
  - Sonderverkäufe oder
  - eine gesteigerte Werbeaktivität.

Abbildung 99: Maßnahmen zur Erhöhung des Lagerumschlags

Die durchschnittliche Lagerdauer ist die Zeitspanne zwischen der Einlagerung und der Auslagerung der Ware und wird über den Lagerumschlag ermittelt.

Ist der Lagerumschlag einer Ware groß, ist die durchschnittliche Lagerdauer geringer. Die durchschnittliche Lagerdauer wird wie folgt berechnet:

$$\text{durchschnittliche Lagerdauer} = \frac{\text{360 Tage}}{\text{Lagerumschlag}}$$

Auch die durchschnittliche Lagerdauer ist als Kennzahl ein wichtiges Merkmal für die Geschäftsführung eines Unternehmens. Daraus lassen sich Produkte erkennen, welche wenig verkauft werden, sogenannte „Langsamläufer". Schlägt sich ein Artikel z.B. in einem Jahr nur einmal um (Umschlagfaktor 1), spricht man im Volksmund auch von einem „Ladenhüter". In solchem Fall sollte das Unternehmen darüber nachdenken, ob dieser Artikel nicht aus dem Sortiment genommen werden sollte.

Eine solche Maßnahme könnte jedoch im Einzelfall zu einem Kundenverlust führen, falls ein Komplettsortiment gefordert wird. In dieser Situation wäre es auch denkbar, den Artikel in Zukunft nur noch mit einer etwas längeren Lieferzeit anzubieten und eine Bestellung beim Lieferanten erst nach Eingang einer Kundenbestellung aufzugeben. Voraussetzung wäre jedoch, dass der Lieferant schnell – bei einer kurzen Transportzeit – liefern kann.

Dadurch könnte für diesen „Langsamläufer" eine Lagerhaltung vermieden und der Artikel trotzdem im Einzelfall angeboten und verkauft werden. Durch eine solche Überlegung können im Einzelfall also Lagerkosten reduziert werden, ohne dass die Lieferfähigkeit des Unternehmens wesentlich eingeschränkt wird.

3.12.8 Lagerzinsen

Lagerzinsen sind ein sehr wichtiger Kostenfaktor im Lager. Unter Lagerzinsen ist in erster Linie zu verstehen, wie hoch die Zinsen für das in den Lagerbeständen investierte Kapital ist. Die Lagerbestände stellen insgesamt einen Wert dar, welcher dem Unternehmen nicht als Barmittel zur Verfügung stehen. Dieser Wert (Kapital) kann vom Unternehmen nicht mit Zinsgewinn bei einer Bank angelegt werden. Deshalb muss dieser Zinsverlust in die Kostenrechnung des Unternehmens einfließen.

Die Lagerzinsen werden nach der nachstehenden Formel berechnet:

$$\text{Lagerzinsen} = \frac{\text{Ø Lagerbestand} \times \text{Ø Lagerdauer} \times \text{Zinssatz}}{100 \times 360}$$

Weitere Lagerkennzahlen

Kennzahl	Formel
Lagernutzungsgrad	$\frac{\text{Belegte Lagerfläche}}{\text{Gesamtlagerfläche}}$
Materialkostenanteil	$\frac{\text{Materialkosten}}{\text{Herstellungskosten}}$
Lagerquote	$\frac{\text{Lagerbestand im Durchschnitt}}{\text{Umsatz}}$
Vorräte / Umlaufvermögen	$\frac{\text{Lagerbestand im Durchschnitt}}{\text{Umlaufvermögen}}$
Lagerreichweite	$\frac{\text{Lagerbestand im Durchschnitt}}{\text{Materialverbrauch im Jahr}}$
Personalanteil	$\frac{\text{Personalkosten Lager}}{\text{Personalkosten gesamt}}$

Abbildung 100: Weitere Lagerkennzahlen

3.12.9 Darstellung der Lagerkosten

Abbildung 101: Darstellung der Lagerkosten durch Tätigkeiten bei der Einlagerung, Lagerung und Auslagerung

3.13 Grundsätze ordnungsgemäßer Lagerhaltung

3.13.1 Sauberkeit im Lager

Sauberkeit ist eine wesentliche Grundvoraussetzung für eine ordnungsgemäße Arbeit im Lager.

Die Sauberkeit im Lager bezieht sich auf

- die eingesetzten Arbeitsmittel (z.B. Werkzeuge),
- die Lagereinrichtungen (z.B. Regale, Kommissionieranlagen),
- die Lagerräume,
- die eingesetzten Transportmittel (z.B. Stapler oder Hubwagen),
- die Transportwege und besonders auf
- die gelagerte Ware.

Die Vorteile eines sauberen Lagers sind vielfältig:

- ein angenehmeres Arbeiten für die Lagermitarbeiter,
- weniger Ausschuss oder Verderb der Ware,
- ein positiver Eindruck für Besucher und Mitarbeiter,
- eine längere Haltbarkeit der Lagereinrichtungen und Transportmittel,
- Reduzierung von Gefahren, z.B. eine geringere Unfall- und Verletzungsgefahr,

Die Sauberkeit kann im Lager erreicht werden durch

- eine regelmäßige Reinigung (z.B. täglich),
- Reinigung zu bestimmten Anlässen
  (z.B. bei der Ein- oder Auslagerung, Inventur usw.),
- Reinigung bei bestimmten Umständen (z.B. Ölflecken).

Die Reinigung wird entweder durch die Lagermitarbeiter selbst oder eigenes bzw. fremdes Putzpersonal erfolgen. Je nach Größe des Lagers sind vielfach auch Putzmaschinen im Einsatz. Putzmaschinen haben im Gegensatz zur Reinigung mit einem Besen den großen Vorteil, dass die Reinigung schneller vonstatten geht und praktisch kein Staub aufgewirbelt wird.

3.13.2 Geräumigkeit

Entsprechend groß dimensionierte Lager sind eine Voraussetzung für eine übersichtliche und saubere Lagerung der Waren. Wichtig ist dabei, dass genügend Platz für den Einsatz von Fördermitteln vorhanden ist.

In einem Lager, welches ausreichend Platz bietet, können Einlagerungen schneller erfolgen, da unnötiges Suchen und Umschichten entfällt. Durch breite Fahr- und Gehwege wird außerdem die Unfall- und Schadengefahr gemindert und die Tätigkeiten können schneller durchgeführt werden, da sich die Mitarbeiter nicht gegenseitig behindern.

3.13.3 Übersichtlichkeit

Die Übersichtlichkeit in einem Lager erreicht man durch

- **die Anordnung der Lagerbereiche nach den Arbeitsschritten**

Warenannahme	Wareneingangsprüfung	ggf. Vorverpackung	Lagerung	Kommissionierung	Verpackung	Bereitstellung und Verladen

Abbildung 102: Anordnung der Lagerbereiche nach den Arbeitsschritten

- **eine optimierende Einteilung des Lagers in Zonen (Bereiche)**

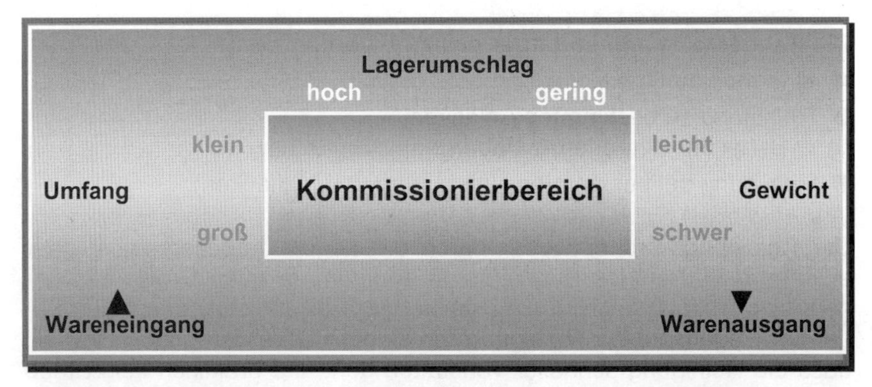

Abbildung 103: Beispiel für die Einteilung eines Lagers in Zonen (Bereiche)

Teil IV Distributionslogistik

Seite

Seite

4 Distributionslogistik

Als Grundbegriffe der Distributionslogistik sind

- **die Auftragsabwicklung,**
- **die Lagerhaltung der Fertigwaren,**
- **die Kommissionierung und**
- **der Transport**

zu unterscheiden.

Wird das Fertigwarenlager jedoch unternehmensintern der Materialwirtschaft zugeordnet, spricht man nur von **Absatz- oder Versandlogistik**.

4.1 Auftragsabwicklung

Die Auftragsabwicklung ist die datenmäßige Bearbeitung und Kontrolle der eingehenden Aufträge bis zur Ankunft der Sendungsdokumente und Rechnungen bei den Kunden. Die für die Auftragsabwicklung benötigte Zeit ist ein wesentlicher Bestandteil der gesamten Lieferzeit. Es ist also wichtig, dass die Bearbeitung der Aufträge – organisatorisch und technisch – möglichst schnell erfolgt.

Zielsetzung der Auftragsabwicklung (Auftragsbearbeitung) muss deshalb in jedem Unternehmen sein, durch technische (z.B. EDV) und organisatorische Maßnahmen die schnellstmögliche Weiterleitung der notwendigen Daten an die anderen Systemelemente (Lager, Kommissionierung und Versand) zu erreichen.

4.2 Gründe für Warenausgänge, Kommissionierung und Bereitstellung von Waren

Warenausgänge aus dem Lager, eine Kommissionierung und Bereitstellung der Waren können verschiedene Gründe haben.

In Abbildung 1 sind Gründe für Warenausgänge aufgezeigt. Weitere Gründe sind individuell möglich.

Gründe für Warenausgänge aus einem Lager

Gründe für Warenausgänge aus einem Lager können z.B. sein:
- **Auffüllung des Verkaufslagers (Kommissionierlagers),**
- **Aussortierung von alter und verdorbener Ware,**
- **Lieferung an einen Kunden,**
- **Materialbereitstellung für die Produktion,**
- **Materialbereitstellung für Servicearbeiten,**
- **Rücksendung an einen Lieferanten,**
- **Umlagerung in ein anderes Lager.**

Abbildung 1: Gründe für Warenausgänge aus einem Lager

Während Ware, die an Kunden anhand einer **Kommissionierliste** oder eines **Lieferscheins** kommissioniert wird, können Materialien, welche betriebsintern benötigt werden, durch einen **Entnahmeschein** kommissioniert und bereitgestellt werden.

Angaben in einem Entnahmeschein

In einem Entnahmeschein muss
- **die Auftragsnummer (Produktionsnummer),**
- **die empfangende Abteilung,**
- **die Kostenstelle,**
  die mit der entnommenen Ware belastet werden soll,
- **die Stückzahl,**
- **die Bezeichnung,**
- **das Datum und Unterschrift(en),**
  jeweils nach der betrieblichen Organisationsstruktur,
- **ein Buchungsvermerk** (durch die Buchhaltung)

eingetragen werden.

Abbildung 2: Angaben in einem Entnahmeschein

4.3 Auslagerung von Waren

4.3.1 Kommissionierung

Ein Auftrag wird intern auch **Kommission** genannt. Unter **Kommissionieren** wird die Zusammenstellung verschiedener Artikel eines Auftrags verstanden. Dabei ist es gleich, ob es sich um einen Kundenauftrag oder einen Auftrag der Produktion handelt.

Kommissionierer ist der Lagermitarbeiter, welcher den Auftrag zusammenstellt. Die Kommissionierung erfolgt heute noch weit überwiegend manuell. Dabei bedient man sich Flurfördergeräten, wie Gabelstaplern, Hubwagen oder anderen maschinellen Geräten. **Automatische Kommissioniersysteme** sind heute noch seltener anzutreffen.

Beeinflussungen von Kommissioniervorgängen

Beeinflusst werden die Kommissioniervorgänge im Wesentlichen von
- **der Anzahl der Aufträge pro Zeitraum,**
- **dem Gesamtauftragsvolumen,**
- **der Anzahl der Positionen je Auftrag,**
- **der Anzahl der Lagereinheiten pro Artikel und**
- **dem Lagerort.**

Abbildung 3: Beeinflussungen von Kommissioniervorgängen

Die drei Elemente der Distribution,
Auftragsabwicklung – Lagerhaltung – Transport,
entfalten ihre Wirkung erst in der Kombination.

Dabei müssen in der Praxis aber mögliche Wechselwirkungen unbedingt beachtet werden.

Eine kurze Lieferzeit ergibt sich z.B. aus einer schnellen Auftragsbearbeitung, einer elektronischen Datenübermittlung und einem dezentralen Auslieferungslager oder einem Zentrallager mit einem schnellen Kommissionier- und Transportsystem.

Die Gestaltung der Auftragsabwicklung, der Lagerhaltung und des Transports sind vom organisatorischen Ablauf und der eingesetzten Technik so aufeinander abzustimmen, dass der festgelegte bzw. vom Kunden gewünschte Lieferservice kostengünstig erbracht werden kann.

Warum ist das Kommissionieren und das Bereitstellen von Produktions- und Versandaufträgen erforderlich?

Das Kommissionieren und das Bereitstellen von Produktions- und Versandaufträgen ist deshalb erforderlich, weil

- **sich nicht jedermann im Lager Teile, Material oder Fertigwaren selbst holen darf, kann oder soll,**
- **die Arbeitsabläufe vom Lagerpersonal exakter, schneller und kostengünstiger durchgeführt werden können, als z.B. von höher bezahltem Personal der Produktion.**

Wenn auch die manuelle Kommissionierung noch weitgehend die Regel ist, muss aus Kostengründen die Kommissionierarbeit vereinfacht und rationeller gestaltet werden.

Da der Anteil der Wegezeit bei mehr als 50 % der gesamten Kommissionierarbeit liegt, müssen Wege und Wegezeiten reduziert und optimiert werden.

Da die Wege in einem Lager nicht ganz entfallen können, spricht man von Wegeoptimierung.

Die Kommissionierung, die Kommissioniersysteme und -methoden werden nachfolgend behandelt.

4.3.2 Kommissioniersysteme

Die verschiedenen Kommissioniersysteme und -methoden werden im Folgenden besprochen.

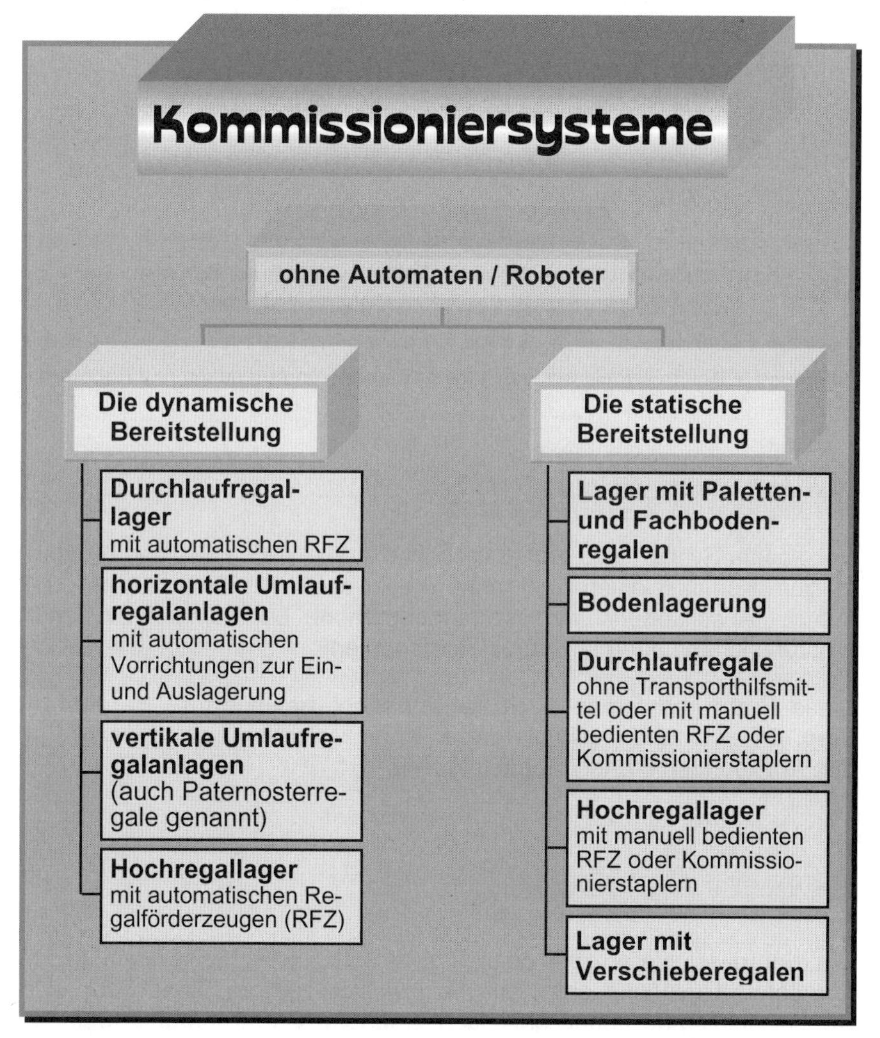

Abbildung 4: Kommissioniersysteme – ohne Automaten bzw. Roboter

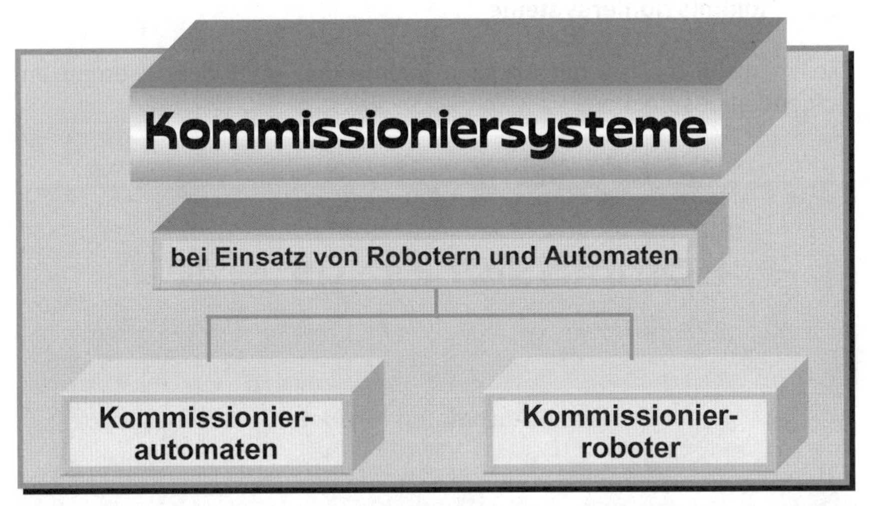

Abbildung 5: Kommissioniersysteme – unter Einsatz von Automaten und Robotern

Dynamische Kommissionierung

Bei diesem System wird der zu greifende Artikel als Lagereinheit (Palette) zum Kommissionierer gebracht. Dieser entnimmt die benötigte Teilmenge. Anschließend wird die angebrochene Lagereinheit zu ihrem ursprünglichen Lagerplatz zurück transportiert.

Diese Form nennt man auch **dynamische (bewegende) Bereitstellung**. Die Vor- und Nachteile dieser Kommissioniermethode werden in den Abbildungen 6 und 7 aufgezeigt.

Statische Kommissionierung

Der Kommissionierer geht oder fährt zu den im Kommissionslager lagernden Artikeln und entnimmt die jeweilige Menge. Diese Form der Kommissionierung nennt man auch **statische Bereitstellung,** weil die Ware bis zur Entnahme auf ihrem Lagerplatz liegen bleibt bzw. lagert.

Die Tätigkeiten sowie die Vor- und Nachteile der statischen Bereitstellung (Kommissionierung) werden in Abbildung 8 dargestellt.

Vorteile der dynamischen Bereitstellung sind:

- **eine hohe Kommissionierleistung (die Wegezeiten entfallen zu einem großen Teil, da die Ware zur Feinkommissionierung zum Kommissionierplatz gebracht wird),**
- **automatische Kommissionierhilfen (z.B. Regalförderzeuge) sind einsetzbar,**
- **leere Ladehilfsmittel (Behälter, Paletten oder Gitterboxen) können schnell zu einem Sammelplatz transportiert werden.**

Abbildung 6: Vorteile der dynamischen Bereitstellung

Nachteile der dynamischen Bereitstellung sind:

- **die hohen Kosten für die Investition in die automatischen Steuerungsanlagen und Fördermittel (z.B. RFZ),**
- **der Stillstand im Lager bei Maschinenausfall nach dem Motto: „Nichts geht mehr“ und**
- **andere, individuelle Nachteile.**

Abbildung 7: Nachteile der dynamischen Bereitstellung

Die Vorteile der dynamischen Bereitstellung sind i.d.R. die Nachteile der statischen Bereitstellung, wie im Umkehrfall die Nachteile der dynamischen Bereitstellung die Vorteile der statischen Bereitstellung sind. Zum Ausgleich von Nachteilen ist auch ein Systemmix denkbar. Im Einzelfall kommt es auf die individuellen Gegebenheiten und Anforderungen an.

Statische Bereitstellung:

Bei der statischen Bereitstellung fallen folgende Tätigkeiten an:

- **Übernahme des Kommissionierauftrages,**
- **Fahrt oder Gang zum Lagerort** (gemäß Kommissionierauftrag),
- **Kontrolle, ob das richtige Lagerfach vorliegt,**
- **Entnahme des richtigen Artikels in der benötigten Anzahl.**

Die statische Bereitstellung ist u.a. vorteilhaft,

- **wenn die Zeit für die Entnahme im Regalfach gering ist,**
- **bei Terminaufträgen und sogenannten „Schnellschüssen“,**
- **wenn die Investitionsmittel nicht zur Verfügung stehen.**

Der Nachteil dieser Methode liegt

- **in den langen Wegezeiten des Kommissionierers.**

Abbildung 8: Statische Bereitstellung der Ware

Für die Wahl der richtigen Kommissioniermethode bzw. -technik müssen verschiedene Auswahlkriterien bei der Planung berücksichtigt werden.

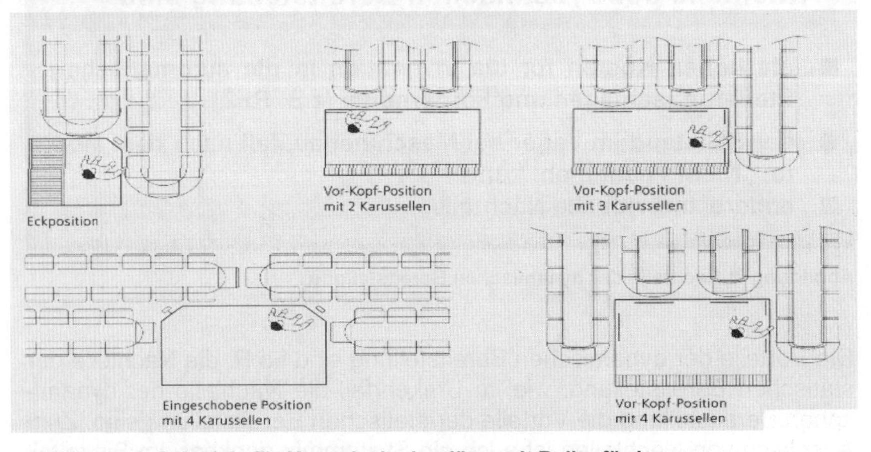

Abbildung 9: Beispiele für Kommissionierplätze mit Rollenförderern
Quelle: Mannesmann Dematic AG, Wetter

Auswahlkriterien der Kommissioniersysteme und -techniken

Qualitativ	Quantitativ
Wegeoptimierung	**Struktur der Artikel**
❑ Lagerplatz	❑ Abmessung
❑ Mechanisierung	❑ Gewicht
❑ Hilfsmittel	❑ Mengeneinheit
Gebäude	**Struktur der Aufträge**
❑ Zu- und Abfahrt	❑ Positionen: Auftrag
❑ Jahreszeiten	❑ Positionen: Mengeneinheit
Personal	❑ Positionen: Zeitaufwand
❑ Ausbildung	
❑ Motivation	

Grundfunktion	Alternativen	
Aufteilen	einzonig	mehrzonig
Abwickeln	auftragsweise	artikelweise
Kommissionieren	nacheinander	gleichzeitig

einzonig:	Alle Artikel liegen in einem Bereich.
mehrzonig:	Bildung von mehreren Bereichen, z.B. durch die ABC-Analyse.
auftragsweise:	Alle Positionen eines Auftrages werden nacheinander kommissioniert.
artikelweise:	Mehrere Artikel werden zusammengefasst (grob kommissioniert) und erst danach auftragsbezogen fein kommissioniert.
Kommissionierung nacheinander:	Die Artikel eines Auftrags werden in den einzelnen Bereichen nacheinander gesammelt.
Kommissionierung gleichzeitig:	Teilaufträge werden in den Bereichen (z.B. verschiedenen Lagern) gleichzeitig gesammelt.

Abbildung 10: Auswahlkriterien der Kommissioniersysteme und -techniken

Einflussfaktoren für ein optimales Kommissioniersystem

Die Einflussfaktoren für ein optimales Kommissioniersystem sind:

- Lagerstruktur (An- und Abfahrt),
- Arten der Fördersysteme,
- unterschiedliche Gewichte und Volumen,
- Liefereinheit — Lagereinheit — Versandeinheit,
- Normung der Verpackungseinheiten,
- Verteilerorganisation (Bringpflicht),
- Zentralisierung — Dezentralisierung,
- Auftragsstruktur,
  - Anzahl der Aufträge,
  - Bestellzeiten für Artikel und Aufträge,
  - Umfang je Auftrag,
  - Anzahl der Versandeinheiten je Auftrag,
- Organisations- und Belegablauf,
- Art und Ausbildung des Personals,
- Berücksichtigung der vorgegebenen Unternehmensziele.

Hinzu kommt die Analyse der Zeitkomponenten in Sekunden oder Prozent für

- die Basiszeit,
- die Planungszeit,
- die Wegezeit,
- die Entnahmezeit und
- die Nebenzeiten.

Abbildung 11: Einflussfaktoren für ein optimales Kommissioniersystem

Abbildung 12 zeigt einen Kommissioniervorgang mittels Gabelstapler.

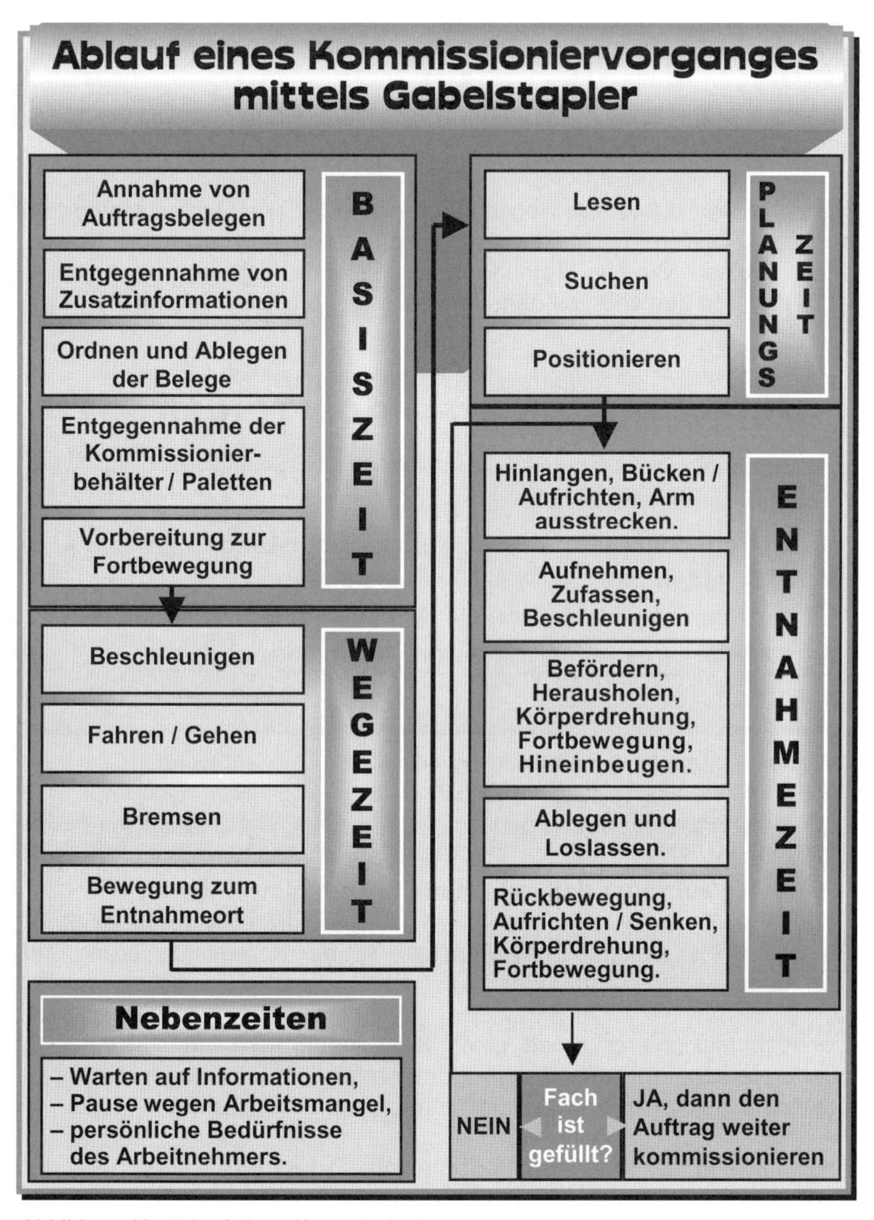

Abbildung 12: Ablauf eines Kommissioniervorganges

4.3.3 Kommissioniermethoden

Bei der Kommissionierung werden in der Praxis unterschiedliche Techniken bzw. Methoden angewandt.

Hierzu zählen die in den Abbildungen 4 und 5 dargestellten Methoden, aber auch andere Techniken oder Mischformen sind möglich und werden praktiziert. Welche Methode im Einzelfall die richtige bzw. optimale ist, hängt von den verschiedensten Faktoren ab (→ Abbildung 11).

Übliche Kommissioniermethoden

Üblicherweise werden die

① auftragsorientierte, serielle Kommissionierung,

② artikelorientierte, serielle Kommissionierung,

③ auftragsorientierte, parallele Kommissionierung und / oder

④ artikelorientierte, parallele Kommissionierung

praktiziert.

Abbildung 13: Übliche Kommissioniermethoden

4.3.3.1 Die auftragsorientierte, serielle Kommissionierung

Diese Form ist sicherlich die einfachste Art der Kommissionierung und wird heute noch sehr oft angetroffen (→ Abbildung 14).

Der Kommissionierer erhält einen Kundenauftrag (Kommissionierliste oder Lieferschein). Anhand dieser Unterlage stellt er im Lager die Artikel der Kommission (Auftrag) der Reihe nach (seriell) zusammen.

Anschließend erfolgt – falls erforderlich – die Verpackung und der Transport zum Versandlager, wo die Ware für den Versand bzw. die Verladung bereitgestellt wird.

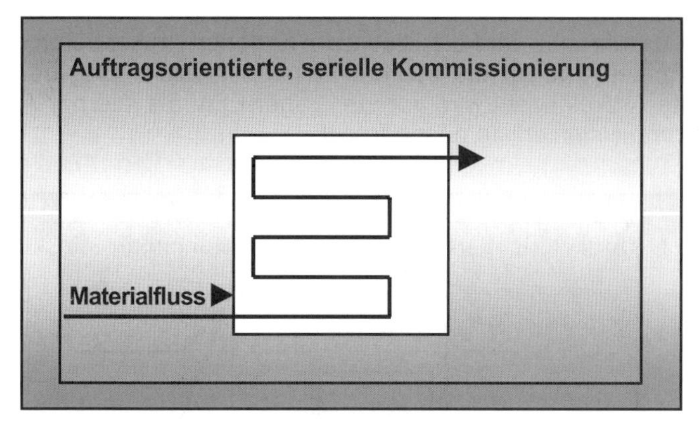

Abbildung 14: Auftragsorientierte, serielle Kommissionierung

Für die Kommissionierung hat sich im Allgemeinen eine **Kommissionierliste** bewährt. Die Reihenfolge der Artikel sollte der Entnahmereihenfolge im Lager entsprechen (nur bei EDV-Einsatz und entsprechendem Programm möglich). Durch diese Handlungsweise wird eine Wegeoptimierung erreicht und ein großer Teil der Wegezeiten eingespart.

Die auftragsorientierte, serielle Kommissionierung eignet sich besonders für

- **kleine Lager,**
- **kleine Entnahmemengen und**
- **niedrige Umschlagraten.**

Abbildung 15: Anwendung der auftragsorientierten, seriellen Kommissionierung

4.3.3.2 Die artikelorientierte, serielle Kommissionierung

Diese Kommissionierart bearbeitet die Aufträge ebenfalls seriell, sammelt aber die Aufträge vorher (Grobkommissionierung), bevor diese dann tatsächlich endgültig am Kommissionierplatz (fein-)kommissioniert werden.

Von allen Aufträgen wird die Stückzahl für jeden Artikel durch die Lager-EDV ermittelt. Die für die spätere Feinkommissionierung der Aufträge benötigte Artikelanzahl wird von der Lager-EDV als interner Auftrag auf einer Kommissionierliste ausgedruckt.

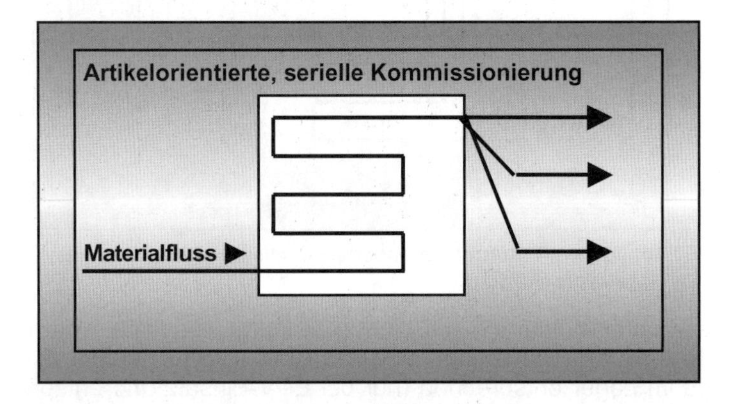

Die durch diese Liste **grob kommissionierten** Artikel werden anschließend zum Kommissionierplatz befördert. Jetzt erfolgt die **Feinkommissionierung** anhand der vorliegenden Kundenaufträge.

Vorteile der artikelorientierten, seriellen Kommissionierung

Vorteile dieser Kommissioniertechnik sind

- **Einsparung von Wegezeit beim Kommissionieren,**
- **übersichtlicher Arbeitsablauf im Lager und**
- **in gewissem Umfang bessere Kontrolle bei der Kommissionierung.**

Abbildung 16: Vorteile der artikelorientierten, seriellen Kommissionierung

Diese Kommissioniertechnik hat sicher ihre Vorteile, aber trotzdem muss doch im Einzelfall geprüft werden, ob diese Technik gegenüber anderen Techniken wirtschaftlich ist. Der eingesparten Wegezeit steht u.U. ein größerer Aufwand für das Sammeln der Aufträge gegenüber.

4.3.3.3 Die auftragsorientierte, parallele Kommissionierung

Eine weitere Technik der Kommissionierung ist die auftragsorientierte, parallele Kommissionierung.

Einsatzmöglichkeiten für die auftragsorientierte, parallele Kommissionierung

Diese Kommissionierart wird eingesetzt, wenn
- **die Reaktionszeit kurz sein soll oder**
- **Artikel in verschiedenen Lagern untergebracht sind, weil z.B. eine gemeinsame Lagerung nicht möglich bzw. nicht zulässig ist.**

Abbildung 17:
Einsatzmöglichkeiten für die auftragsorientierte, parallele Kommissionierung

Der Auftrag wird bei der auftragsorientierten, parallelen Kommissionierung nach Lagerbereichen intern aufgeteilt. Der Auftrag wird in allen Lagerbereichen parallel – also gleichzeitig – kommissioniert und anschließend zu **einem** Kundenauftrag zusammengeführt.

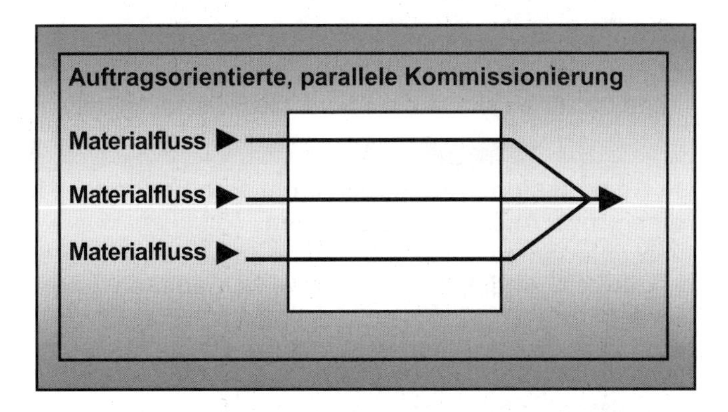

Abbildung 18: Auftragsorientierte, parallele Kommissionierung

Vorteile und Eignung der auftragsorientierten, parallelen Kommissionierung

Vorteile dieser Kommissionierform sind:

- **Es wird gleichzeitig eine hohe Kommissioniergeschwindigkeit durch die gleichzeitige Bearbeitung eines Auftrages in mehreren Lagerbereichen bzw. Lagern erreicht.**
- **Große Auftragsvolumen können durch das Splitting rationell und schnell kommissioniert werden.**

Diese Kommissioniertechnik eignet sich besonders für

- **große Aufträge,**
- **Artikel, welche eine unterschiedliche Lagerform benötigen,**
- **eine kurze Reaktionszeit des Lagers.**

Abbildung 19:
Vorteile und Eignung der auftragsorientierten, parallelen Kommissionierung

4.3.3.4 Die artikelorientierte, parallele Kommissionierung

Diese Form der Kommissionierung erfordert den höchsten Organisationsaufwand und stellt größte Anforderungen an die Lager-EDV. Hierbei werden die Eigenschaften der Kommissioniertechnik der auftrags- und artikelorientierten, parallelen Kommissionierung verbunden.

Die Aufträge werden zunächst einmal gesammelt und dann rationell zu kommissionierbaren **internen** Aufträgen zusammengestellt. Diese internen Aufträge beziehen sich auf die verschiedensten Artikel und Lager.

Diese Kommissioniermethode eignet sich besonders für

- **eine große Anzahl von Aufträgen,**
- **verschiedenste Artikel, welche eine unterschiedliche Lagerform und Lagerung in verschiedenen Lagern erfordern,**
- **eine kurze Reaktionszeit des Lagers.**

Abbildung 20: Besondere Eignung der artikelorientierten, parallelen Kommissionierung

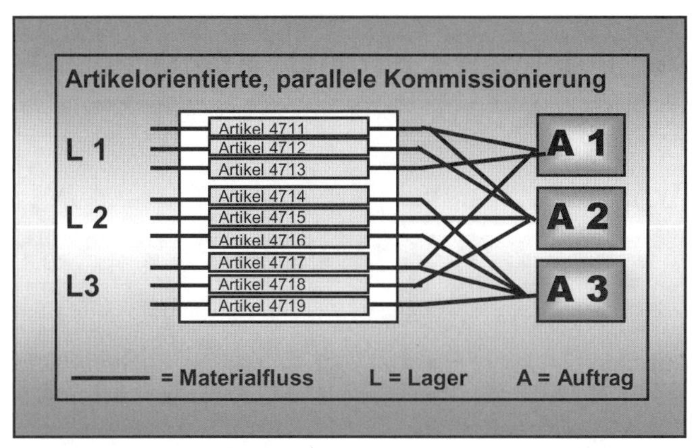

Abbildung 21: Artikelorientierte, parallele Kommissionierung

Vorteile der artikelorientierten, parallelen Kommissionierung

Vorteile dieser Organisations- und Kommissionierform sind:

- rationelle Abwicklung durch
  - interne,
  - artikelbezogene und
  - lagerbezogene Sammelaufträge;

  (artikelbezogene Grobkommissionierung in jedem Lager).
- schnelle Bearbeitung der internen Sammelaufträge;
- Feinkommissionierung der Kundenaufträge ausschließlich am Kommissionierplatz.

Abbildung 22: Vorteile der artikelorientierten, parallelen Kommissionierung

Die Grafik in Abbildung 23 stellt eine artikelorientierte, parallele Kommissionierung dar.

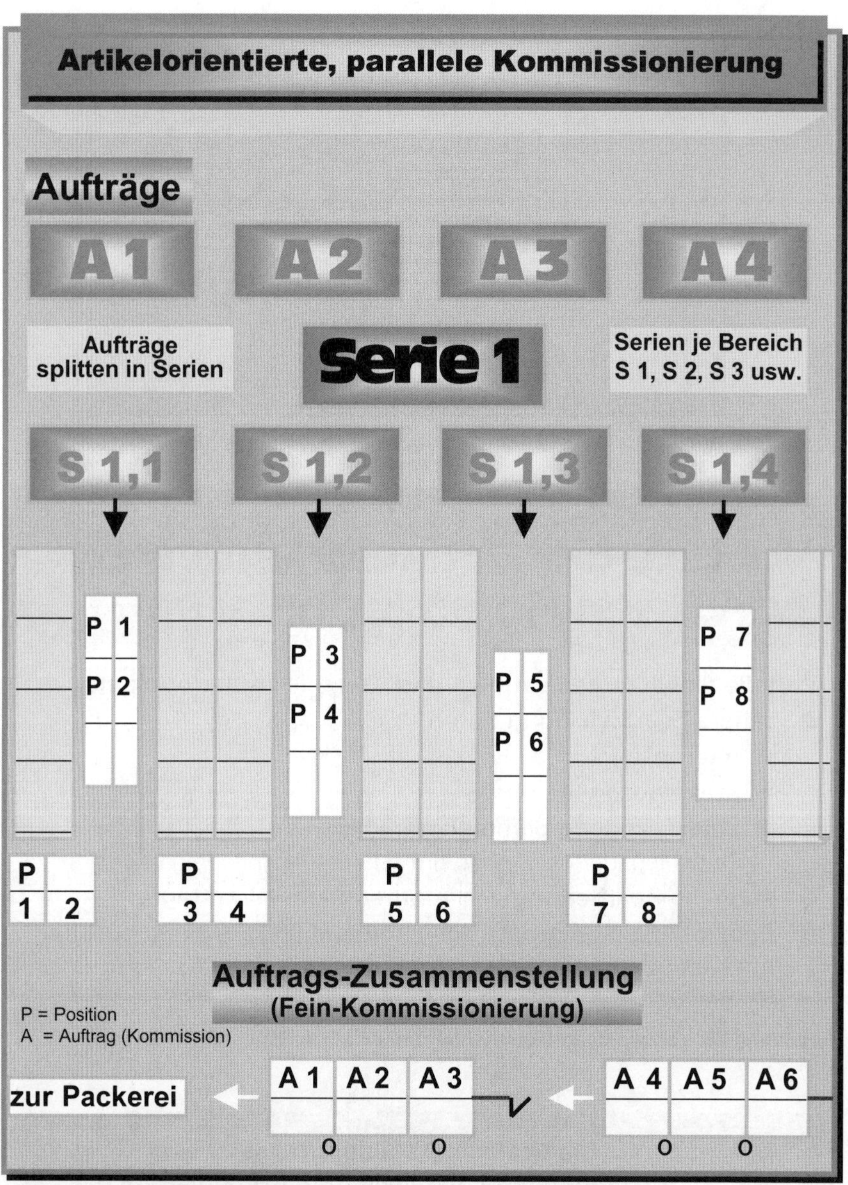

Abbildung 23: Artikelorientierte, parallele Kommissionierung

4.4 Verpackung der Ware

Die Verpackung legt vielfach den gleichen Weg wie die Ware zurück (vom Hersteller über den Händler bis zum Verbraucher). Dabei wird diese i.d.R. umgeladen und mehr oder weniger über weite Strecken mit den verschiedensten Fahrzeugen bzw. Transportmitteln befördert und schließlich gelagert.

Deshalb muss die Verpackung der Ware entsprechenden Schutz bieten. Dieses trifft ganz besonders bei sensiblen Gütern (z.B. Glas, Porzellan) zu. Solche Güter müssen besonders gut verpackt werden, damit sie in einwandfreiem Zustand beim Empfänger eintreffen. Außerdem soll die Verpackung dazu beitragen, dass die Ware kosten- und arbeitssparend gelagert, umgeladen und transportiert werden kann..

Auf dem Weg zum Verbraucher, wird die Ware unter Umständen beim Groß- oder Einzelhändler nochmals in andere Verpackungseinheiten umgepackt bzw. neu verpackt.

4.4.1 Verpackung

Fachlich müssen die Begriffe **Packung** und **Verpackung** unterschieden werden:

Die Packung begleitet die Ware vom Hersteller bis zum Verbraucher, während die Verpackung die Packung umhüllt.

Als primäre Aufgabe hat die Verpackung
- **eine Schutzaufgabe**
  und darüber hinaus auch
- **eine Lageraufgabe,**
- **eine Transportaufgabe und vielfach auch**
- **eine Verkaufsaufgabe.**

Abbildung 24: Erläuterung der Begriffe Packung und Verpackung / Aufgaben der Verpackung

Beanspruchung der Verpackung

Die Verpackung muss während des Transports eine

- mechanische Beanspruchung, z.B. durch
  - eine Belastung durch Druck,
  - einen Stoß,
  - einen Fall,
  - Rüttelbewegungen und Schwingungen oder
  - eine Schubwirkung,
- klimatische Beanspruchung, z.B. durch
  - verschiedenste weltweite Klimabedingungen,
  - Kälte, Nebel, Regen, Schnee, Sonne,
  - Schwitz- und Kondenswasser,

aushalten.

Abbildung 25: Beanspruchung der Verpackung

Wichtige Grundbegriffe zur Verpackung

Packgut:	nennt man die zu verpackende Ware.
Packmittel:	ist dazu bestimmt, dass Packgut zu umschließen oder zusammenzuhalten (z.B. Container, Flasche, Gitterbox, Karton, Kiste, Palette).
Packhilfsmittel:	sind z.B. Klammern, Klebstoff, Klebestreifen, Bänder aus Kunststoff oder Metall, Nägel, Ölpapier. Zu den Packhilfsmitteln zählen auch Füllstoffe, wie z.B. Chips, Holzwolle, Papier, Styropor, um Leerräume innerhalb der Verpackung auszufüllen.
Packstück:	ist eine Packung, welche lager- und versandfähig ist.
Einwegverpackung:	ist ein Packmittel, welches zum **einmaligen** Gebrauch vorgesehen ist.
Mehrwegverpackung:	ist ein Packmittel für mehrmaligen Gebrauch.

Abbildung 26: Wichtige Grundbegriffe aus dem Bereich der Verpackung

Keine Ware ist davor sicher, im Lager oder auf dem Transport gestohlen zu werden. Gegen Diebstahl sollte die Verpackung also möglichst auch schützen. Dazu können verschiedene Maßnahmen ergriffen werden. Mögliche Maßnahmen werden beispielhaft in Abbildung 27 dargestellt.

Mögliche Maßnahmen – auch durch die Verpackung – gegen Diebstahl im Lager und auf dem Transport

Um das Risiko eines Diebstahls möglichst gering zu halten, sollten beispielsweise Maßnahmen, wie

- **eine neutrale, unauffällige Verpackung, um keine Anreize zum Diebstahl zu schaffen,**
- **eine sichere Verpackung, bei der ein gewaltsames Öffnen sofort erkennbar ist,**
- **einzelne Packstücke zu größeren Verpackungseinheiten zusammenfassen (z.B. beim Hängeversand von Textilien),**
- **häufige Kontrollen,**
- **wertvolle Waren in Behältern unten oder in die Mitte legen,**
- **Einrichtung von Verschlusslagern für wertvolle Ware**

praktiziert werden.

Abbildung 27: Mögliche Maßnahmen gegen Diebstahl

4.4.1.1 Aufgaben der Verpackung

Wie bereits erwähnt, hat die Verpackung im Allgemeinen eine

- **Schutzaufgabe,**
- **Lageraufgabe,**
- **Transportaufgabe und**
- **Verkaufsaufgabe.**

Diese Aufgaben werden anschließend behandelt.

Schutzaufgabe der Verpackung

Während des Transports und dabei notwendigen Zwischenlagerungen kann die Ware einen wert- oder mengenmäßigen Schaden erleiden. Durch die Verpackung soll die Ware Schutz gegen die verschiedensten Einflüsse, wie z.B. Bruch, Diebstahl, Kälte, Nässe, Schmutz, Verkratzen oder Verlust erhalten.

Damit die jeweils richtige Verpackung ausgewählt wird, müssen die Einflüsse während des Transports bzw. bei Umladungen berücksichtigt werden. Dabei spielen z.B.

- die Empfindlichkeit der Ware,
- der Bestimmungsort (Inland, Ausland oder Übersee),
- das Transportmittel (Eisenbahn, Flugzeug, LKW, Post, Seeschiff) und
- die Transportdauer

eine wichtige Rolle. Auch Kundenwünsche können für die Wahl der Verpackung ausschlaggebend sein.

Durch die Verpackung sollen darüber hinaus auch die Transportmittel und andere beigeladene Güter vor Beschädigungen, Bruch, Verschmutzungen usw. geschützt werden.

Lageraufgabe der Verpackung

Auf dem Weg vom Hersteller bis zum Verbraucher wird die Ware oft mehrmals gelagert (z.B. beim Hersteller, beim Groß- und Einzelhändler und nicht zuletzt beim Frachtführer).

Für die Wahl der Verpackung ist wichtig, ob die Ware in Regalen gestapelt oder ungestapelt gelagert wird oder ob sie palettiert (z.B. Europaletten oder Gitterboxpaletten) wird.

Die Lagerung der Ware in größeren Verpackungseinheiten ermöglicht außerdem ein schnelleres Ein- und Auslagern und eine rationellere Lagerhaltung.

Transportaufgabe der Verpackung

Auch bei normalem Transportverlauf ist die Ware hohen Beanspruchungen ausgesetzt. Die Verpackung soll hierbei verhindern, dass diese extremen Beanspruchungen unterliegt. Dieser Schutz kann z.B. durch Behälter, Collicos, Container, Fässer, Kartons, Paletten usw. erfolgen.

Darüber hinaus beschleunigen **genormte** Verpackungen auch den Lade- und Transportvorgang beim Einsatz von Gabelstaplern oder Transportbändern. Hierbei ist auch die Kosteneinsparung, möglicherweise auch bei den Transportkosten, von Bedeutung.

Verkaufsaufgabe der Verpackung

Auch für den Verkauf kommt auf die Verpackung eine wichtige Aufgabe zu.

Über ihre eigentliche Funktion – dem Schutz der Ware – hinaus, dient die Verpackung außerdem vielfach

- **als Informationsträger,**
  z.B. für Bedienungsanleitungen, Eigenschaften, Gewicht, Größe, Haltbarkeit, Herstellungsdatum, Preis, Stückzahl (teilweise vom Gesetzgeber vorgeschrieben),
- **der Rationalisierung des Verkaufsvorganges,**
  z.B. sog. Blisterpackungen, welche in den Verkaufsregalen aufgehangen werden können,
- **als Werbeträger,**
  da der Kunde bereits an der Verpackung das Produkt erkennen kann.

Darüber hinaus kann die Verpackung für den Käufer auch einen kostenlosen und zusätzlichen Nutzen haben, z.B. die Verwendung eines Senfglases als Trinkglas.

4.4.1.2 Beanspruchung der Verpackung

Für den Transport und die Lagerung ist die mechanische, ggf. auch die klimatische Beanspruchung der Verpackung zu berücksichtigen. Mechanische Beanspruchungen treten ein durch Druck, Fall, Rüttelbewegungen, Schub und Schwingungen.

Beanspruchung der Verpackung durch Druck

Die Verpackung (besonders die Kartonkanten) ist besonders beim Stapeln einer großen Belastung an den Druckstellen ausgesetzt. Dabei kann nicht nur die Verpackung, sondern auch die Ware beschädigt werden.

Schutzmaßnahmen gegen solche Schäden können z.B.
- eine strapazierfähige und besonders an den Druckstellen verstärkte Verpackung,
- die Lagerung schwerer Waren unten,
- ordnungsgemäßes Stapeln (z.B. im Verbund),
- die Verwendung von Paletten, Regalen und Zwischenböden und
- die Anbringung von Vorsichtsmarkierungen

sein.

Beanspruchung der Verpackung durch Fall

Die Beanspruchung der Verpackung durch einen Fall ist u.a. abhängig
- von der Art der gewählten Verpackung,
- von der Empfindlichkeit der Ware
- vom Gewicht des Packstücks,
- von der Höhe des Falls,
- von der Beschaffenheit des Bodens,
- von der Art des Aufpralls (Fall auf eine Ecke, Fläche oder Kante).

Deshalb muss die Wahl der richtigen Verpackung nach
- Art der Ware,
- der Empfindlichkeit der Ware,
- dem Transportmittel und
- dem Transportweg

getroffen werden.

Beanspruchung der Verpackung durch Rüttelbewegungen

Fast alle Transportmittel sind bei ihrer Fortbewegung Erschütterungen oder Schwingungen ausgesetzt. Diese haben über die Ladefläche und die Verpackung Auswirkung bis auf die Ware.

Ursachen können z.B. sein:
- Rangier- und Schienenstöße bei der Eisenbahn,
- Straßenzustand
  (z.B. Kopfsteinpflaster, Löcher in der Fahrbahn, Querrillen, Schienen)
- Vibration des Motors.

Die Schutzmöglichkeiten müssen jeweils für den Einzelfall speziell gesucht und ausgewählt werden (z.B. Einsatz luftgefederter Lkw, Wahl eines anderen Transportmittels, festes und stoßsicheres Einpacken der Waren usw.).

Beanspruchung der Verpackung durch Schub

Die Beanspruchung der Verpackung durch Schub tritt praktisch bei allen Verkehrsmitteln auf.

Durch die Schubwirkung, z.B. beim Anfahren eines Lkw, können die Packstücke auf der Ladefläche verrutschen oder umkippen. Dabei kann die Verpackung beschädigt und die Ware, wie auch andere Packstücke, beschädigt werden.

Gründe für eine Schubwirkung während des Transports können z.B.
- **schnelles Anfahren,**
- **starkes Bremsen (z.B. eine Notbremsung),**
- **starkes Gefälle,**
- **starke Kurvenlage,**
- **starke Steigungen oder**
- **ein Stoß beim Rangieren (z.B. bei der Eisenbahn)**

sein.

Schutz vor diesen Gefahren bietet z.B.
- der Einbau von **Trennwänden**,
- die Sicherung der Ware durch **Gurte, Seile,** usw.,
- **richtiges Stauen** auf dem Transportmittel,
- die Verwendung von **Keilen**,
- die Verwendung von **Transportsicherungsstangen**,
- das **Ausfüllen von Leerräumen** (z.B. durch Luftkissen, Stapel leerer Paletten usw.).

Beanspruchung der Verpackung durch Stoß

Durch nicht sachgemäßes und unvorsichtiges Arbeiten mit Ladegeräten (z.B. Stapler) werden von Fall zu Fall Packstücke im Lager angefahren, herabgeworfen oder umgestoßen.

Dabei kann
- die Ware auslaufen,
- die Ware zu Bruch gehen,
- die Ware und / oder
- die Verpackung beschädigt werden.

Durch ein umsichtiges Handeln bei der Bedienung der Flurförderzeuge und durch eine ordnungsgemäße Verladung der Ware auf den Transportmitteln (Stauen und ordnungsgemäße Ladungssicherung), können derartige Schäden vielfach vermieden werden.

Beanspruchung der Verpackung durch das Wetter

Besonders bei Transporten nach Übersee, verlangen die unterschiedlichen Klimabedingungen (z.B. Seeklima) eine entsprechende Verpackung der Ware. Dabei spielen der Transportweg, die Transportart und die Transportdauer eine wesentliche Rolle.

Witterungseinflüsse wie z.B. Kälte, Nebel, Regen, Schnee oder Sonne verlangen ein entsprechendes Packmittel, damit die Ware vor Verderben oder Schaden geschützt wird.

Innerhalb der Verpackung kann z.B. durch Schwitz- bzw. Kondenswasser an der Ware oder Verpackung ein Schaden entstehen, da die Luftfeuchtigkeit innerhalb der Packung nicht entweichen kann. Dabei können ggf. Metalle, welche nicht besonders behandelt sind, rosten.

Schwitz- oder Kondenswasserbildung kann z.B. durch eine luftdurchlässige Verpackung (Luftaustausch) oder Vakuumverpackung verhindert werden.

4.4.1.3 Transportverpackungen

Zum Schutz der Güter beim Transport und beim Lagerumschlag stehen die verschiedensten Transportverpackungen als Verpackungsmittel zur Verfügung. Je nach Art des Gutes und des Beförderungsweges muss der Absender die geeignete Verpackung auswählen.

Zu den Transportverpackungen gehören z.B.

- Behälter,
- Boxen,
- Container,
- Collicos,
- Kartons,
- Kisten,
- Paletten.

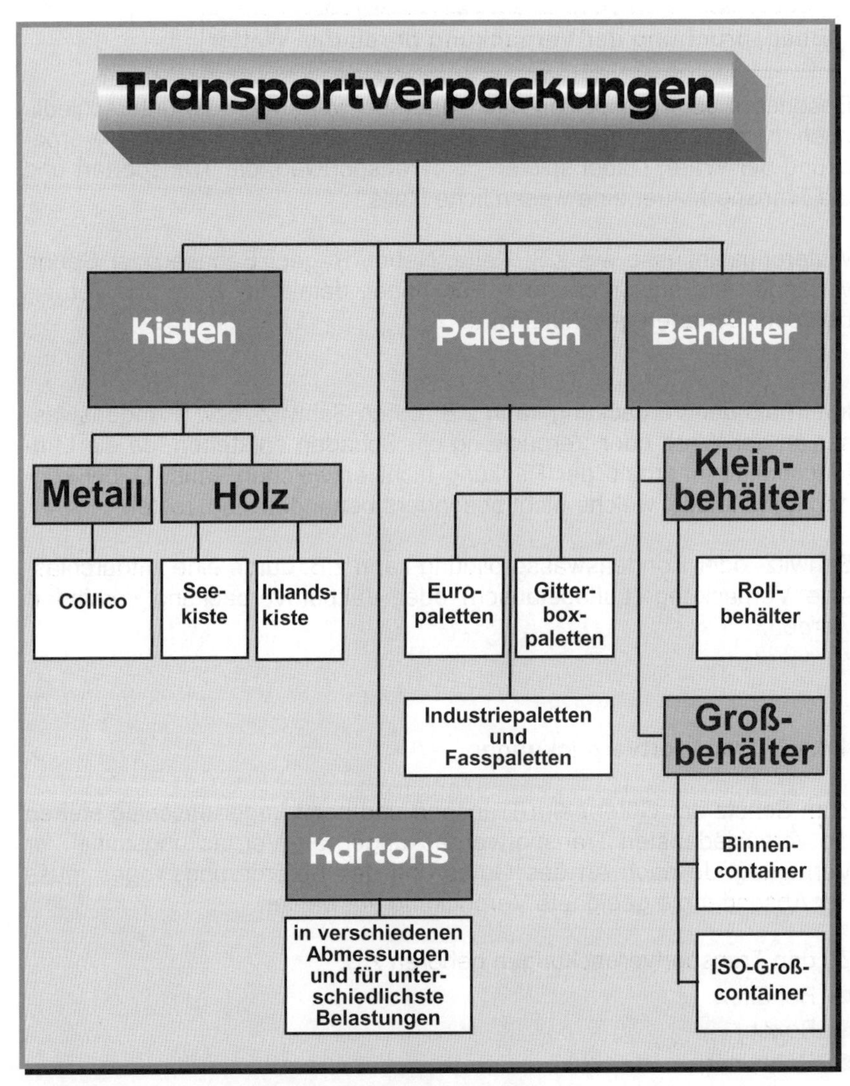

Abbildung 28: Beispiele für Transportverpackungen

Die genannten Transportverpackungen werden nachstehend behandelt.

Kartons

Der Karton – in den verschiedensten Größen und Formen – ist das klassische Verpackungsmittel. Kartons werden von der Industrie i.d.R. als stapelbare Wellpappenzuschnitte geliefert; sie können mit wenigen Handgriffen an den vorgestanzten Knickstellen zusammengesteckt oder durch Klebestreifen verbunden werden.

Die Belastbarkeit und Haltbarkeit ist abhängig von der Wandstärke und der Anzahl der Wellen. Leichte Kartons sind einschichtig, andere sind ein- oder mehrschichtig. Die Wellen geben dem Karton eine größere Festigkeit. Einwellige oder dreischichtige Kartons haben eine Tragfähigkeit von 10 bis 50 kg, zweiwellige oder fünfschichtige Kartons sind für eine Tragfähigkeit von 50 bis 75 kg und dreiwellige oder siebenschichtige Kartons für eine Tragfähigkeit von 75 bis 150 kg ausgelegt.

Kisten

Mehrheitlich sind Kisten aus Holz gefertigt. Bei den Kisten wird zwischen der **Inlandskiste** und der **Seekiste** unterschieden. Je nach Vorschrift des Empfängerlandes, muss das Holz der Kiste besonders gegen Insektenbefall behandelt worden sein.

Die Inlandskiste hat an den Längsseiten verstärkende Leisten. Diese Leisten sollen den Zusammenhalt der Bretter gewährleisten. Durch diese Leisten ergibt sich für den Praxisalltag der Vorteil, dass durch die Stärke der Leisten eine Bodenfreiheit entsteht und diese Kisten mit einem Hubwagen oder Stapler unterfahren werden können; dadurch ist ein schnelleres Handling beim Umschlag möglich.

Bei der Seekiste sind nur die Stirnseiten verstärkt, wobei die Verstärkungsleisten bei längeren Kisten auch innen angebracht werden. Da bei der Frachtberechnung bei der Schiffsbeförderung und der Luftfracht neben dem Gewicht auch der Rauminhalt des Packstücks (berechnet nach den äußeren Maßen) herangezogen wird, können durch die Seekiste die Frachtkosten positiv beeinflusst werden.

Collicos

Beispiele für Collicos
Quelle: Collico GmbH, Solingen

Collicos sind zusammenlegbare Aluminiumkisten (sog. Kleinstbehälter), welcher überwiegend beim Transport mit der Deutschen Bahn AG eingesetzt werden. Diese werden von der Firma Collico GmbH, Solingen gegen eine Gebühr vermietet, können aber auch käuflich erworben werden. Beim Transport des Gutes in Collicos ist der **Rücktransport der leeren und zusammengelegten Collicos versandkostenfrei.**

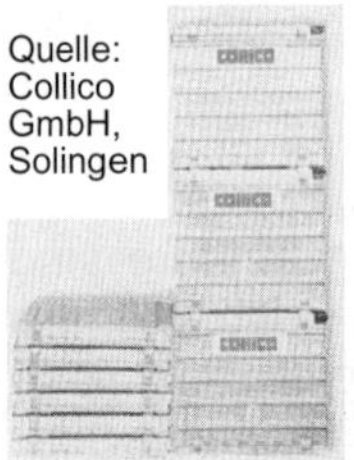

Quelle: Collico GmbH, Solingen

Diese Behälter bieten gegenüber anderen Verpackungsarten zahlreiche Vorteile beim Transport:

- über 30 Typen stehen dem Verwender zur Verfügung,
- günstige Monatsmieten,
- Collicos sind verschließbar,
- eine Beladung ist leicht möglich,
- beim Einsatz von Collicos werden weniger Packmittel benötigt, dadurch entstehen weniger Packmittelabfälle, welche sonst entsorgt werden müssten,
- Verpackungshilfsmittel (z.B. Umreifungen) sind nicht erforderlich,
- sicherer Transport wertvoller und empfindlicher Güter,
- nach dem Gebrauch sind die Collicos zusammenlegbar, dadurch besteht ein geringer Platzbedarf beim Rücktransport,
- unentgeltliche Rückbeförderung der leeren, zusammengelegten Collicos durch die Bahn (wenn der Hintransport durch die DB erfolgte),
- Collicos können bei Bedarf auch als Lagerbehälter eingesetzt werden.

Paletten

Paletten werden überwiegend aus Holz, in selteneren Fällen auch aus Kunststoff, Pappe und Stahl hergestellt. Eine Palette hat Füße oder Kufen und kann auf ihrer Ladefläche die verschiedensten Güter z.B. in Eimern, Fässern, Kartons, Säcken, usw. zur Stapelung aufnehmen.

Mittels eines Hubwagens oder Staplers kann eine Palette unterfahren, angehoben, transportiert oder gestapelt werden. Das Grundmaß der Euro- bzw. Gitterboxpalette ist genormt und beträgt 1200 x 800 mm, bei einer Traglast von 1000 kg. Paletten sind auch für die Beladung von Großcontainern geeignet.

Grundsätzlich wird zwischen **Flachpaletten** und **Boxpaletten** unterschieden. Im Gegensatz zur Flachpalette, gibt die Boxpalette dem Ladegut auch seitlich halt. Manche Boxpaletten können durch einen zusätzlichen Deckel zum Kleinbehälter umgerüstet werden.

EUR-Boxpalette

Die EUR-Boxpalette (sog. Gitterbox) hat vier Wände aus Stahlgitter. Dabei sind drei Wände fest verankert, während die Vorderwand zwei Klappen zum Be- und Entladen besitzt, welche nach oben oder unten bewegt werden können.

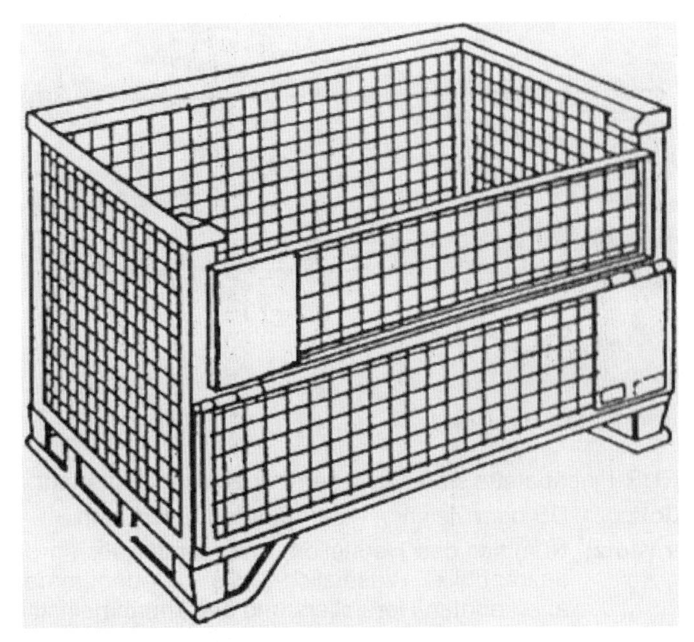

Abbildung 29: EUR-Boxpalette (sog. Gitterboxpalette)

Die EUR-Boxpalette hat die Maße (L x B x H): 1200 x 800 x 970 mm. Das Eigengewicht beträgt ca. 85 kg und das Bruttogewicht bei der Deutschen Bahn AG 1000 kg, sonst 1500 kg. Die EUR-Boxpaletten sind übereinander stapelbar; fünf Boxpaletten dürfen **maximal** übereinander gestapelt werden.

EUR-Flachpalette

Die EUR-Flachpalette ist ein tauschfähiges Lade- und Verpackungsmittel, sowohl im Bahn- als auch im Lkw-Verkehr. Sie wird tarafrei versandt, d.h. das Eigengewicht (ca. 30 kg) der Palette wird bei der Frachtberechnung nicht berücksichtigt. Das Bruttogewicht beträgt bei der DB 1000 kg, sonst 1500 kg. Die Bahn berechnet bei der Frachtberechnung ein Mindestgewicht (Gewicht der Ware) von 150 kg, während beim Lkw-Versand das Mindestgewicht mit dem Frachtführer bzw. Spediteur ausgehandelt werden muss.

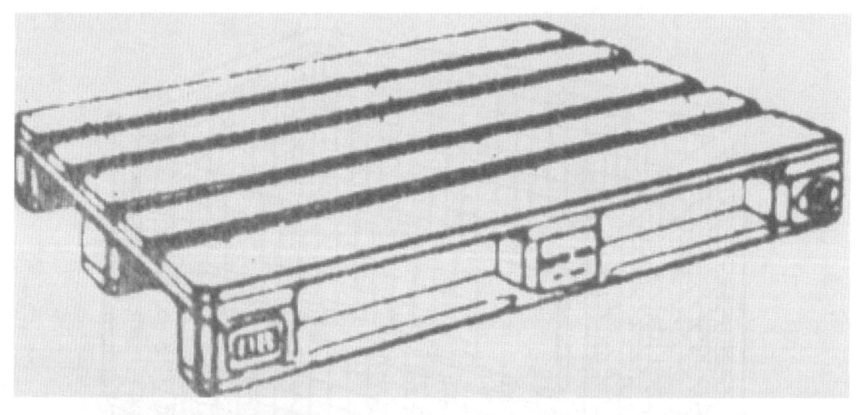

Abbildung 30: EUR-Flachpalette

Für die EUR-Flachpalette sind folgende Kennzeichen festgelegt:

linker Klotz: DB oder Zeichen einer anderen Eisenbahn,

mittlerer Klotz: Nummer des Herstellers und Herstelljahr (in der Bundesrepublik zusätzlich die Codenummer des anerkannten Herstellers und der Abnahmeinstitution),

rechter Klotz: EUR-Zeichen in einem ovalen Kreis.

Die EUR-Flachpalette dient u.a. als Bestell-, Transport- und Lagereinheit und hat zahlreiche Vorteile. Sie ist aus dem heutigen Wirtschaftsleben nicht mehr wegzudenken. Beim Palettentausch muss bei der Bahn und i.d.R. auch bei Frachtführern und Spediteuren eine Tauschgebühr entrichtet werden.

Vorteile der EUR-Flachpalette

Zu den zahlreichen Vorteilen der EUR-Flachpalette zählen u.a.:
- **viele Packstücke können zu einer Einheit gestapelt werden,**
- **Verwendung als Transport- und Lagereinheit,**
- **geringerer Verbrauch von Verpackungsmaterialien,**
- **der Lagerumschlag sowie die Be- und Entladung von Transportfahrzeugen (Lkw, Waggon usw.) geht zügiger,**
- **schnellere Kontrolle beim Warenein- und -ausgang,**
- **weniger Transportschäden,**
- **kein Rücktransport der leeren Paletten, da Tausch,**
- **bessere Übersicht im Lager,**
- **Zeitersparnis bei der Inventur,**
- **mehrere Paletten können zur Lagerung bzw. zum Transport gestapelt werden.**

Abbildung 31: Vorteile der EUR-Flachpalette

Für die ordnungsgemäße Beladung und den sicheren Transport der Paletten müssen bestimmte Regeln eingehalten und Maßnahmen getroffen werden. Zu den **Sicherungsmitteln** gehören z.B. die Verbundstapelung, Schrumpf- oder Stretchfolienumhüllung (Wickelmaschine: → Abbildung 32), Klebe-, Gummi-, Plastik-, Textilgurt- oder Stahlbandumreifung, Netzumhüllung.

Beim Beladen der Paletten muss unbedingt darauf geachtet werden, dass diese bündig geladen werden und keine Packstücke über den Palettenrand hinausragen. Andernfalls sind im Praxisalltag vielfache Probleme möglich, z.B.:

- auf dem Lkw können nicht zwei Paletten quer verladen werden,
- Beschädigungen sind durch den Überstand an der Verpackung und der Ware möglich,
- Abtastscanner weisen die Palette ab.

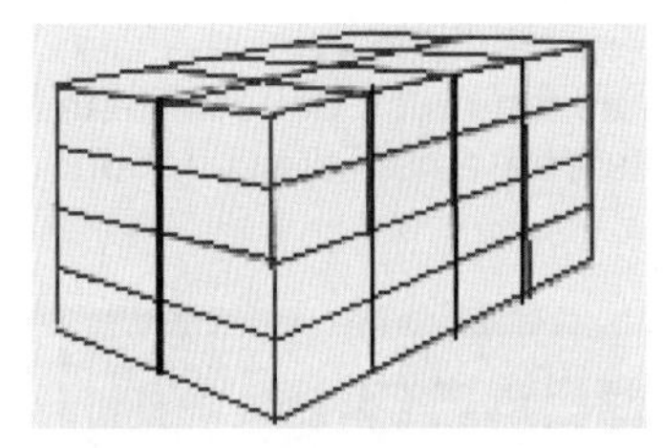

falsch: lineare Stapelung

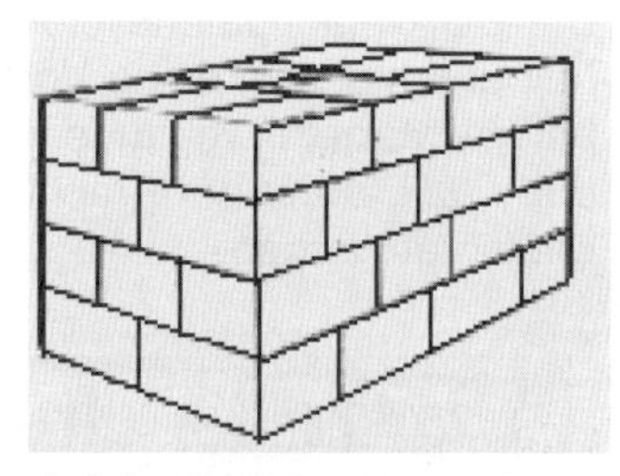

richtig: Verbundstapelung

Abbildung 32: Beispiele für falsche und richtige Stapelung von Kartons

Eine systematische Anordnung der Packstücke auf der EUR-Flachpalette bzw. in der EUR-Boxpalette ist für die optimale Nutzung der Palette sehr wichtig. Durch den Einsatz aufeinander abgestimmter Kartonmaße ist es möglich, diese auf einer Palette – ohne Leerräume und Überstand – zu stapeln. Dadurch kann nicht nur das Volumen der Palette optimal genutzt, sondern auch eine Stapelung ohne einen Überstand erreicht werden. Letzteres ist wichtig, damit z.B. zwei Paletten quer in einem Lkw verladen werden können.

Damit die Lagermitarbeiter entsprechend verfahren können, müssen für den Versand Verpackungen in Modulmaßen zur Verfügung stehen. Hier ist in erster Linie die Abteilung Materialwirtschaft (Einkauf) gefordert.

Rollbehälter

Rollbehälter (auch Kleincontainer oder Kleinbehälter genannt) werden dem Kunden von der Bahn und von Spediteuren zur Verfügung gestellt.

Solche Behälter sind roll- und kranbar. Sie haben ein Fassungsvermögen von 1 m^3 (Typ A, Mindestgewicht 200 kg), 2 m^3 (Typ B, Mindestgewicht 300 bzw. 350 kg) oder 3 m^3 (Typ C, Mindestgewicht 500 kg). Bei allen genannten Behältertypen beträgt das Bruttogewicht 1000 kg.

Container

Im Unterschied zu den Kleinbehältern, werden alle größeren Behälter (ab 3 m^3 Rauminhalt oder alternativ ab 5 t Fassungsvermögen) als Container bezeichnet. Dabei werden Container ab 5 t Tragfähigkeit und einem Fassungsvolumen von 3 m^3 bis 16 m^3 als **Mittelcontainer** und die 20´ und 40´ (Fuß)-Container als **Großcontainer** bezeichnet. **Mittelcontainer** können mit der Deutschen Bahn AG oder auf Lastkraftwagen transportiert werden und stehen als offene bzw. geschlossene Container (mit einem kreisförmigen Querschnitt oder in Kastenform) und Kesselcontainer zur Verfügung. Die Vermietung und der Austausch der Mittelcontainer erfolgt durch die Deutsche Bahn AG.

Vorteile von Mittelcontainern

Mittelcontainer

- **sind tauschbar,**
- **können vom Boden aufgenommen und abgesetzt werden,**
- **sind roll- und kranbar,**
- **können gekippt werden und**
- **sparen Verpackungskosten.**

Die Bezahlung der Fracht erfolgt nur nach dem Nettogewicht.

Großcontainer werden in **Binnencontainer**, welche speziell für den Verkehr innerhalb der Bundesrepublik Deutschland entwickelt wurden, und den international genormten **ISO-Containern** unterschieden.

Binnencontainer halten sich nicht an die internationale Norm und sind breiter und höher als die ISO-Container. Sie unterscheiden sich in Box-, Faltwand-, Flat- und Schüttgut-Container (für schwere und kranbare Güter) und können von der Seite und von der Stirnseite be- und entladen werden.

Quelle: Deutsche Bahn AG

Größe in Fuß	Fassungs-vermögen	Eigengewicht	zul. Gesamt-gewicht
20´(ca. 6 m)	32 - 35 m^3	2300 - 3400 kg	20 - 24 t
40´(ca.12 m)	70 m^3	3500 - 3750 kg	30 t

Abbildung 33: Übersicht über die Binnencontainer der DB

Quelle: Mannesmann Demaric AG, Wetter

Abbildung 34: Beispiele für Container-Umschlaganlagen

Quelle: Mannesmann Dematic AG, Wetter

4.4.1.4 Verpackungsmittel und -hilfsmittel

Zusätzlich zur Verpackung (z.B. Behälter, Container, Kartons, Kisten) werden zum Schutz der Ware noch Verpackungsmittel benötigt, um Beschädigungen durch Druck, Feuchtigkeit oder Stöße zu vermeiden.

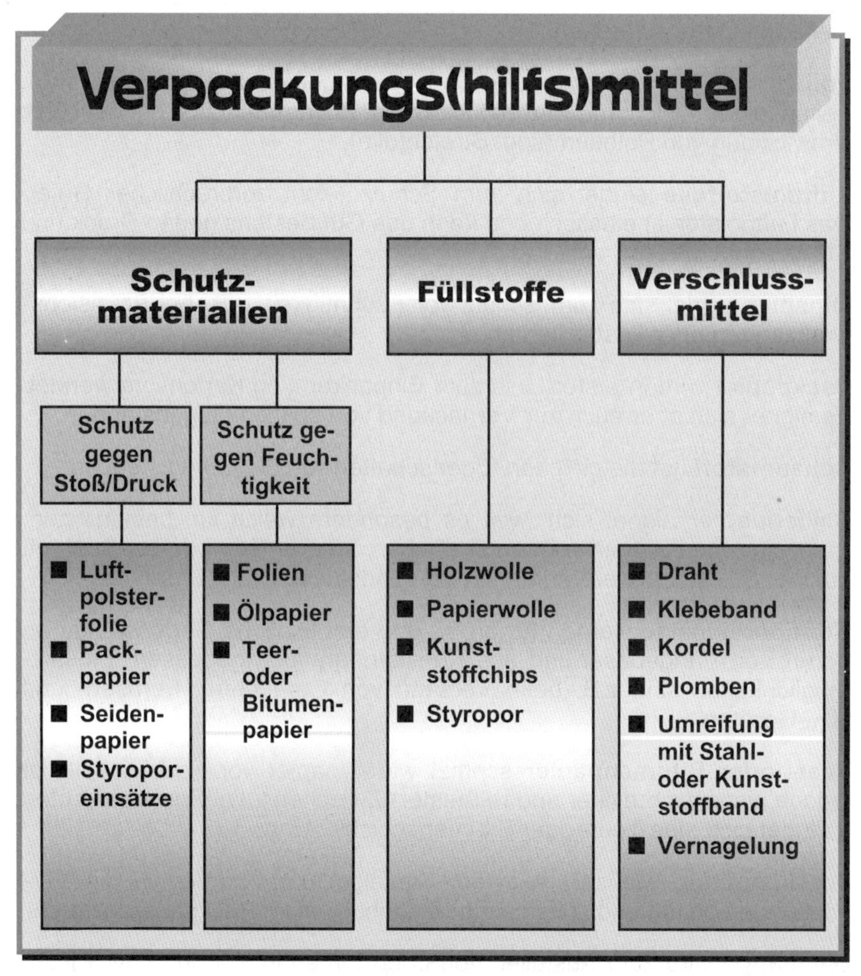

Abbildung 35: Beispiele für Verpackungsmittel und -hilfsmittel (Schutzmaterialien, Füllstoffe und Verschlussmittel)

Schutzmaterial

Bei den Schutzmaterialien wird zwischen dem Schutz vor Stoß und Druck (z.B. bei Glas oder Porzellan) und vor Feuchtigkeit und Staub (z.B. elektronische Geräte oder Materialien aus Eisen oder Stahl) unterschieden. Die in Abbildung 35 dargestellten Schutzmittel werden nachstehend kurz beschrieben.

Folien sind zur Umschließung von Ware geeignet (Verschweißung). Folien eignen sich für Einzelstücke, als Zusammenfassung oder zur Umwicklung von Paletten (sog. Stretchfolie).

Luftpolsterfolie eignet sich zum Schutz leicht zerbrechlicher Güter. Das Luftpolster ist elastisch und kann das Gut bestens gegen Druck und Stöße schützen.

Ölpapier eignet sich zum Schutz vor Feuchtigkeit, z.B. bei Präzisionswerkzeugen oder -instrumenten.

Packpapier wird in erster Linie zum Einpacken von Kartons verwendet. Es eignet sich aber auch zur Verpackung von spitzen Gegenständen.

Schaumstoff hat die gleichen Eigenschaften wie die Luftpolsterfolie.

Seidenpapier eignet sich, weil es besonders weich ist, bestens zum Einpacken und Schutz von empfindlichen Gütern. Es wird aber auch oft zum Ausfüllen von Leerräumen in Versandstücken verwendet.

Styroporeinsätze werden für große und empfindliche Gegenstände an deren Form angepasst und aus Kunststoffgranulat gegossen. Einsatzmöglichkeiten sind z.B. beim Versand von Computern, Fernseh- und HiFi-Geräten.

Teer- oder Bitumenpapier schützt wie Ölpapier vor Feuchtigkeit, ist jedoch wesentlich dicker und reißfester. Zwischen zwei Papierschichten befindet sich eine Teer- oder Bitumenschicht.

Trockenmittel, wie z.B. Aktivton, Kieselgel u.a., werden in die Verpackungen gelegt und sollen die Luftfeuchtigkeit im Packgut reduzieren.

Wellpappe wird zum Ausfüllen von Leerräumen in Kartons oder Kisten und zur Umhüllung von leicht zerbrechlichen Waren verwendet.

Füllstoffe

Zu den Füllstoffen, welche Leerräume in Verpackungen ausfüllen, gehören u.a. Holzwolle, Kunststoffchips, Papierwolle und Styropor. Bereits seit längerer Zeit werden sehr oft Kunststoffchips verwendet, da diese durch ihre gewellte Form Stöße gut abfangen und außerdem keine Feuchtigkeit aufnehmen.

Verschlussmittel

Die Verpackung, als Umhüllung der Ware, muss verschlossen werden. Verschlüsse können auf verschiedene Weise hergestellt werden.

Bindfaden oder Kordel ist die klassische Art des Verschlusses. Der Bindfaden wird aus Hanf hergestellt, die Kordel aus Hanfwerk oder Sisal.

Klebeband wird für leichtere Packstücke verwendet. Klebebänder stehen aus Papier mit Nyloneinlage, aus Kunststoff oder als Tesa-Packband zur Verfügung. Das Verschließen der Packstücke und Abtrennen des Klebebandes kann durch Handgeräte mit einer gezahnten Schneide erleichtert werden.

Kunststoff- und Stahlbandumreifung wird für schwere Packstücke verwendet. Für diese Art des Verschlusses kommen Handgeräte oder auch Maschinen zum Einsatz, welche das Band umlegen, spannen und mit einer Plombe verschließen und abschneiden. Vorher werden Kantenschoner oder Holzleisten untergelegt, damit das Band den Karton nicht zu stark eindrückt.

Nylonschnur ist wasserbeständig und wird als Alternative zur Kordel verwendet. Die Nylonenden können nach dem Knoten verschweißt werden.

Stretchen ist das Umwickeln einer beladenen Palette mit einer dehnbaren Folie. Diese Tätigkeit kann von Hand mit einem sog. Handwickelgerät oder maschinell erfolgen.

Vernagelung wird bei Holzkisten, zusätzlich zur Stahlband-Umreifung, von Hand oder mit einem Luftdruck-Nagler vorgenommen.

4.5 Unfall- und andere Gefahren im Lagerbereich

Mit dem Betrieb eines Lagers sind vielfache Gefahren verbunden. Im Praxisalltag ist die Unfallgefahr sicherlich von besonderer Bedeutung. Deshalb hat der Gesetzgeber zum Arbeits- und Unfallschutz auch zahlreiche Gesetze und Verordnungen erlassen.

Im Lagerbereich sind darüber hinaus auch noch andere Gefahrenquellen, z.B. Diebstahl- oder Feuergefahr, zu berücksichtigen. Auf die vorgenannten Gefahren wird nachstehend näher eingegangen.

4.5.1 Arbeits- und Unfallschutz

Der Arbeits- und Unfallschutz ist nicht in einem Gesetz zusammengefasst, sondern in zahlreichen Gesetzen, Verordnungen und Vorschriften festgelegt, so z.B.

- ► im **Grundgesetz,**
- ► im **Gesetz über technische Arbeitsmittel (GSG),**
- ► im **Arbeitssicherheitsgesetz (AsiG),**
- ► in der **Gewerbeordnung (GewO),**
- ► in der **Verordnung über Arbeitsstätten (ArbStättV),**

Außerdem wird der Arbeits- und Unfallschutz durch

- ► anerkannte **Regeln der Technik, Hygiene und Arbeitsmittel** sowie
- ► gesicherte **arbeitswissenschaftliche Erkenntnisse**

verbessert und erweitert.

4.5.1.1 Definition des Begriffs „Arbeitsschutz“

Arbeitsschutz ist der Schutz des beschäftigten Arbeitnehmers vor berufsbedingten Gefahren und schädigenden Belastungen.

Auf den Mitarbeiter eines Unternehmens bezogen, wirken sich Gefahren in Form von Personenschäden (Verletzungen, Berufskrankheiten und sonstigen Gesundheitsschädigungen) und schädigende Belastungen in Form von schädlichen Beanspruchungen (z.B. Bildschirmarbeit) aus.

Ziel des Arbeitsschutzes ist Arbeitssicherheit und Arbeitserleichterung bei der Arbeit.

4.5.1.2 Die rechtliche Verpflichtung zum Arbeitsschutz

In der Verfassung (Grundgesetz (GG) der Bundesrepublik Deutschland) ist praktisch die rechtliche Verpflichtung zum Arbeitsschutz festgelegt.

Der

Artikel 2 Absatz 2 GG:	**„Jeder hat das Recht auf Leben und körperliche Unversehrtheit“**

in Verbindung mit

Artikel 20 Absatz 2 GG:	**„Die Bundesrepublik Deutschland ist ein demokratischer und *sozialer* Rechtsstaat“**

verpflichtet alle Verantwortlichen, Arbeitsschutz zu betreiben.

Die staatlichen Organe haben deshalb eine Reihe von Vorschriften erlassen, um den Arbeitsschutz zu verwirklichen. Diese Vorschriften sind, wie bereits erwähnt, in verschiedenen einzelnen Gesetzen und Verordnungen erlassen worden.

Die wichtigsten Gesetze, Verordnungen und Vorschriften für den Arbeitsschutz werden für Sie auf der folgenden Seite in der Abbildung 36 dargestellt.

Wichtige Gesetze, Verordnungen und Vorschriften
Arbeits- und Unfallschutz

Gewerbeordnung (GewO)	Alle gewerbetreibenden Unternehmer sind nach § 120 der Gewerbeordnung zur Betriebssicherheit verpflichtet.
Reichsversicherungsordnung (RVO)	Der § 546 verpflichtet alle Träger der gesetzlichen Unfallversicherung, „mit geeigneten Mitteln“ für die Verhütung von Arbeitsunfällen und für eine wirkungsvolle Erste Hilfe zu sorgen.
Gesetz über technische Arbeitsmittel (GSG)	Das Gesetz verpflichtet Hersteller und Vertreiber, nur Waren in den Verkehr zu bringen, die bei bestimmungsgemäßer Verwendung Dritte nicht gefährden.
Arbeitssicherheitsgesetz (AsiG)	Das Gesetz regelt die Tätigkeit von Betriebsärzten, Sicherheitsingenieuren und anderen Fachkräften für Arbeitssicherheit.
Verordnung über Arbeitsstätten (ArbStättV)	Die Verordnung regelt umfassend die Einrichtung aller Arbeitsstätten. Diese Verordnung enthält Anforderungen an Betriebshallen, Werkstätten, Büros, Baustellen, Binnenschiffe, Kaufhäuser und Verkaufsstände.
Verordnung über gefährliche Arbeitsstoffe	Die Verordnung legt fest, wie beim Umgang mit gefährlichen Stoffen zu verfahren ist.
Unfallverhütungsvorschriften (UVV)	Die Unfallverhütungsvorschriften (UVV) schreiben Maßnahmen zur Unfallverhütung vor.

Abbildung 36 : Wichtige Gesetze, Verordnungen und Vorschriften für den Arbeits- und Unfallschutz

4.5.1.3 Die Organisation des Arbeitsschutzes

Für den Arbeitsschutz sind die Verantwortlichkeiten unterschiedlich geregelt. Der Arbeitsschutz kann in die drei Zuständigkeiten des

① **staatlichen Bereichs,**

② **selbstverwaltenden Bereichs und**

③ **privaten Bereichs**

unterschieden werden. Die folgenden Abbildungen 37 bis 40 stellen die Organisation des Arbeitsschutzes in einer Übersicht dar.

Abbildung 37: Organisation des Arbeitsschutzes – staatlicher Bereich

Organisation des Arbeitsschutzes
– selbstverwaltender Bereich –

Träger der gesetzlichen Unfallversicherung

Berufsgenossenschaften
(branchenbezogen)

Eigenunfallversicherung
der Gemeinden, Länder und des Bundes

Aufgaben der Berufsgenossenschaften sind:

- Unfallverhütung,
- Erlassen von Unfallverhütungsvorschriften,
- Leistungen nach dem Versicherungsrecht.

Abbildung 38: Organisation des Arbeitsschutzes – selbstverwaltender Bereich

Organisation des Arbeitsschutzes
– privater Bereich –

Eingetragene Vereine

Technische Überwachungs-vereine (TÜV)

Deutscher Kraftfahrzeug-Überwachungs-Verein e.V. (DEKRA)

Fachvereinigung Arbeitssicherheit
- Verein Deutscher Revisions-ingenieure
- Verein Deutscher Sicherheits-ingenieure
- Verein Deutscher Gewerbe-aufsichtsbeamter

Deutsches Institut für Normung (DIN)

Verband Deutscher Elektrotechniker (VDE)

Deutscher Verein des Gas- und Wasserfachs e.V.

Verein Deutscher Ingenieure (VDI)

Abbildung 39: Organisation des Arbeitsschutzes – privater Bereich

4.5.1.4 Darstellung der Verantwortungsbereiche der betrieblichen Sicherheit

Die folgende schematische Darstellung zeigt, wie die betriebliche Sicherheit in einem mittleren bzw. großen Unternehmen organisiert sein kann. Änderungen der Strukturen hängen wesentlich von den gesetzlichen Vorschriften und auch von der Größe des Unternehmens ab.

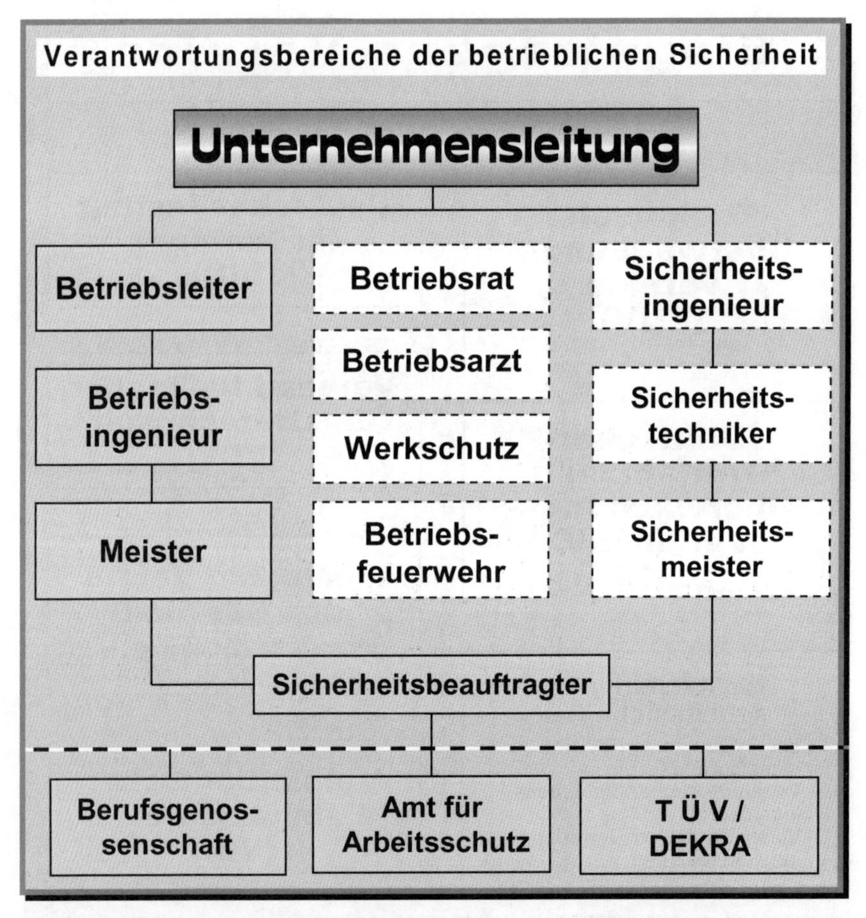

Abbildung 40: Schematische Darstellung der Verantwortungsbereiche der "betrieblichen Sicherheit"

4.5.1.5 Arbeitssicherheitsgesetz (AsiG)

Das Arbeitssicherheitsgesetz schreibt vor, dass der Arbeitgeber **Betriebsärzte** und **Fachkräfte für Arbeitssicherheit** (Sicherheitsingenieure, -techniker, -meister) **schriftlich** bestellen muss.

Mit dieser Vorschrift soll erreicht werden, dass
1. die dem Arbeitsschutz und der Unfallverhütung dienenden Vorschriften den besonderen Betriebsverhältnissen entsprechend angewandt werden;
2. gesicherte arbeitsmedizinische und sicherheitstechnische Erkenntnisse zur Verbesserung des Arbeitsschutzes und der Unfallverhütung verwirklicht werden können;
3. die dem Arbeitsschutz und der Unfallverhütung dienenden Maßnahmen einen möglichst hohen Wirkungsgrad erreichen.

Der Arbeitgeber hat dafür zu sorgen, dass die von ihm bestellten **Betriebsärzte** und **Fachkräfte für Arbeitssicherheit** ihre Aufgaben erfüllen.

Er hat sie bei der Erfüllung ihrer Aufgaben zu unterstützen; insbesondere ist er verpflichtet, ihnen, soweit dies zur Erfüllung ihrer Aufgaben erforderlich ist, Hilfspersonal sowie Räume, Einrichtungen, Geräte und Mittel zur Verfügung zu stellen.

Falls die Fachkraft für Arbeitssicherheit als Arbeitnehmer eingestellt ist, muss der Arbeitgeber die **erforderliche Fortbildung** ermöglichen. **Die Kosten der Fortbildung trägt der Arbeitgeber.**

Betriebsärzte und Fachkräfte für Arbeitssicherheit sind bei der Ausübung ihrer Tätigkeit weisungsfrei und dürfen wegen der Erfüllung der ihnen übertragenen Aufgaben **nicht** benachteiligt werden.

Die Fachkräfte für Arbeitssicherheit und der Betriebsarzt haben bei der **Erfüllung ihrer Aufgaben** mit dem Betriebsrat zusammenzuarbeiten und diesen über wichtige Angelegenheiten des Arbeitsschutzes und der Unfallverhütung zu unterrichten.

4.5.1.6 Unfallschutz im Rahmen der gesetzlichen Unfallversicherung

Im Rahmen der gesetzlichen Unfallversicherung haben die Berufsgenossenschaften u.a. die Aufgabe, alle erforderlichen Maßnahmen für den Unfallschutz sowie für die Arbeitssicherheit zu treffen.

Teilbereiche des Unfallschutzes und der Unfallverhütung

Zum Bereich der Unfallverhütung und des Unfallschutzes gehören die Teilbereiche:

- **Technischer Unfallschutz,**
- **unfallverhütende Betriebsregelungen sowie**
- **Aufklärung und Schulung.**

Abbildung 41: Teilbereiche des Unfallschutzes und der Unfallverhütung

4.5.1.7 Unfallverhütungsvorschriften (UVV)

Aus der Vielzahl der Unfallverhütungsvorschriften ist für den Lagerbereich die Unfallverhütungsvorschrift **Flurförderzeuge (VBG 36)** und die Unfallverhütungsvorschrift **Erste Hilfe (VBG 109)** besonders wichtig.

4.5.1.8 Unfallverhütungsvorschrift Flurförderzeuge (VBG 36)

In der Unfallverhütungsvorschrift (UVV) – Flurförderzeuge (VBG 36) sind Verhaltensmaßregeln für den Einsatz dieser Fahrzeuge zusammengefasst.

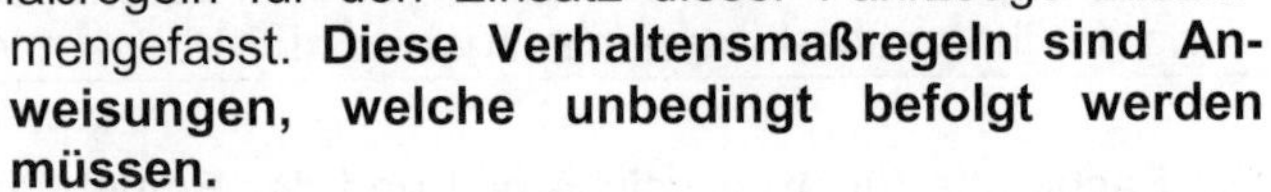

Diese Verhaltensmaßregeln sind Anweisungen, welche unbedingt befolgt werden müssen.

Im Lagerbereich werden regelmäßig **Gabelstapler** eingesetzt, welche zu den Flurförderzeugen gehören.

Sind Flurförderzeuge mit Fahrersitz oder Fahrerstand ausgestattet, dürfen diese von Arbeitnehmern nur dann geführt werden, wenn die Personen

- **mindestens 18 Jahre alt sind,**
- **für diese Tätigkeit geeignet und ausgebildet sind und**
- **ihre Befähigung nachgewiesen haben.**

Mitarbeiter dürfen die Fahrzeuge nur steuern, wenn sie vom Unternehmer hiermit beauftragt sind.

● Mitnahme von Personen auf Flurfördergeräten

Die Mitnahme von Personen auf Flurfördergeräten ist vom Unternehmer oder dessen Beauftragten zu regeln; sie ist auf das notwendige Maß zu beschränken.

Die Mitnahme von Personen auf Flurfördergeräten kann grundsätzlich nur dann geregelt werden, wenn solche zur Verfügung stehen, die hierfür

- **mit besonderen Sitz- oder Standplätzen sowie**
- **mit Haltegriffen innerhalb der Kontur des Fahrzeugs**

ausgestattet sind.

4.5.1.9 Unfallverhütungsvorschrift Erste Hilfe (VBG 109)

Außerdem müssen in allen Unternehmen die Unfallverhütungsvorschriften – Erste Hilfe (VBG 109) beachtet werden.

Diese UVV dokumentieren, welche

- **organisatorischen,**
- **räumlichen und**
- **personellen**

Voraussetzungen zu schaffen sind, damit im Falle eines Betriebsunfalls schnellstens Erste Hilfe geleistet werden kann.

● Pflichten des Unternehmers nach der UVV Erste Hilfe

Der Unternehmer hat je nach Anzahl der Beschäftigten dafür zu sorgen, dass

1. zur Ersten Hilfe und zur Rettung aus Gefahr für Leib und Gesundheit

a) die erforderlichen Einrichtungen, insbesondere Meldeeinrichtungen, Sanitätsräume, Erste-Hilfe-Material, Rettungsgeräte, Rettungstransportmittel

und

b) das erforderliche Personal, insbesondere Ersthelfer und Betriebssanitäter

zur Verfügung stehen und

2. nach einem Unfall sofort Erste Hilfe geleistet und eine erforderliche ärztliche Versorgung veranlasst wird.

Abbildung 42: Pflicht des Unternehmers nach den UVV 109 (VBG)

● Meldeeinrichtungen und -maßnahmen

Der Unternehmer hat unter Berücksichtigung der betrieblichen Verhältnisse durch Meldeeinrichtungen und organisatorische Maßnahmen dafür zu sorgen, dass **unverzüglich** notwendige Hilfe herbeigerufen und am Einsatzort geleistet werden kann. Zweckmäßigerweise ist ein Alarmplan aufzustellen.

Meldemöglichkeiten müssen auch a u ß e r h a l b der betrieblichen Arbeitszeiten erhalten bleiben.

● Erste-Hilfe-Material

Beim Erste-Hilfe-Material hat der Unternehmer ebenfalls Pflichten zu erfüllen. Diese kann er jedoch auf Mitarbeiter übertragen.

Der Unternehmer hat dafür zu sorgen, dass Erste-Hilfe-Material jederzeit
- **schnell erreichbar und**
- **schnell zugänglich,**
- **in geeigneten Behältnissen,**
- **gegen schädigenden Einflüsse geschützt,**
- **in ausreichenden Mengen bereitgehalten und**
- **rechtzeitig** (spätestens bei Ablauf des Verfalldatums) **ergänzt und erneuert wird.**

Der Aufbewahrungsort für das Erste-Hilfe-Material richtet sich nach den Unfallschwerpunkten, der Struktur des Betriebes und den im Übrigen auf dem Gebiet des betrieblichen Rettungswesens getroffenen Maßnahmen.

● Zahl der Ersthelfer

Die Zahl der zur Verfügung stehenden Ersthelfer hängt von der Anzahl der Mitarbeiter des Unternehmens ab. Grundsätzlich hat bis zu 20 anwesenden versicherten Arbeitnehmern ein Ersthelfer zur Verfügung zu stehen.

Bei mehr als 20 Mitarbeitern müssen ggf. auch mehr Ersthelfer anwesend sein. Hiervon kann jedoch im Einvernehmen mit der Berufsgenossenschaft – unter Berücksichtigung des betrieblichen Rettungswesens und der Gefährdung – abgewichen werden.

● Erste-Hilfe-Aus- und Fortbildung

Der Unternehmer darf als Ersthelfer nur Personen einsetzen, die durch den Arbeiter-Samariter-Bund (ASB), das Deutsche Rote Kreuz (DRK), die Johanniter-Unfallhilfe (JUH) oder den Malteser-Hilfsdienst (MDH) oder eine von der Berufsgenossenschaft anerkannten Stelle ausgebildet worden sind.

4.5.2 Maßnahmen bei Feuer

Wenn es im Lager zu einem Brand kommt, ist vor jedem Löschversuch zuerst unter der bundeseinheitlichen Rufnummer 112 die Rettungsleitstelle bzw. Feuerwehr zu alarmieren. Die nachstehenden Angaben sollten bei einer Brandmeldung gemacht werden:

WER?	**Nennen Sie Ihren Namen, Adresse und Telefonnummer.**
Wo?	**Nennen Sie den genauen Schadenort (Stadtteil, Straße, Hausnummer).**
Was?	**Schildern Sie das Schadenereignis (Brand). Geben Sie auch an, ob es Verletzte gibt.**
Wie?	**Wie ist die derzeitige Situation am Schadenort. Lagert z.B. Gefahrgut im Lager?**

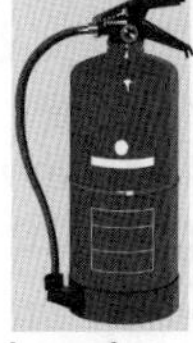

Anschließend sollte versucht werden, ohne sich oder andere dabei in Gefahr zu bringen, mit den im Lager vorhandenen Feuerlöschern den Brand zu löschen und Menschen zu retten.

Da die Löschzeit der Feuerlöscher nur von sehr kurzer Dauer ist, ein 6-Kilo-Feuerlöscher reicht z.B. für ca. 12 Sekunden, **muss der Einsatz gezielt und möglichst effektiv sein.**

4.5.3 Schäden durch Diebstahl

Über diebstahlsichernde Maßnahmen des Unternehmens hinaus, können auch die Mitarbeiter im Lager dazu beitragen, dass Diebstahl im Lager durch Fremde nicht möglich ist oder zumindest erschwert wird.

In der Regel ist es seitens der Unternehmensleitung untersagt, dass sich betriebsfremde Personen im Lager aufhalten dürfen. Achten Sie darauf, ob sich betriebsfremde Personen im Lager aufhalten. Ist dieses der Fall, fragen Sie die Person(en) nach ihren Wünschen oder ob Sie helfen können. Holen Sie unverzüglich den Lagermeister oder Vorarbeiter!

4.5.4 Gefahrgüter und Gefahrstoffe in der Lagerwirtschaft

Seit dem 1. Januar 2005 gilt die Verordnung zum Schutz vor Gefahrstoffen (Gefahrstoffverordnung – GefStoffV) auch für die Lagerung gefährlicher Stoffe[1]. Neben den in den vorstehenden Kapiteln aufgeführten Vorschriften sind damit ggf. auch diese weitergehenden Rechtsvorschriften beim Umgang mit gefährlichen Gütern zu beachten. Zudem sind unter bestimmten Umständen auch noch Vorschriften aus den Regelungen über die Beförderung gefährlicher Güter zu berücksichtigen.

Damit treffen im Gefahrgutlager zwei Rechtsbereiche aufeinander, die auf den ersten Blick sehr artverwandt erscheinen, nämlich

- das Gefahr***stoff***recht
  und
- das Gefahr***gut***recht

Das Gefahr***gut***recht bezieht sich dabei auf den transportbedingten Umschlag im Lager, das Gefahrstoffrecht findet Anwendung bei der vom Transport unabhängigen Einlagerung.

Die Abgrenzung von **transportbedingtem Aufenthalt von Gütern in Lägern** zur vom **Transport unabhängigen Lagerung** ergibt sich aus der Definition in § 3 Abs. 4 GefStoffV:

> § 3 Abs. 4 GefStoffV
>
> „Lagern“ ist das Aufbewahren zur späteren Verwendung sowie zur Abgabe an andere. Es schließt die Bereitstellung zur Beförderung ein, wenn die Beförderung nicht binnen 24 Stunden nach der Bereitstellung oder am darauf folgenden Werktag erfolgt. Ist dieser Werktag ein Samstag, so endet die Frist mit dem Ablauf des nächsten Werktages.

Dabei ist das Gefahr***gut***recht dem *Ordnungs*recht zuzuordnen und zielt darauf ab, die Anforderungen der Wirtschaft nach Güteraustausch einerseits und die Ansprüche der Bevölkerung auf ausreichende Sicherheit vor den Gefahren der Beförderung gefährlicher Güter andererseits aufeinander abzustimmen.

[1] Vgl. § 3 Abs. 3 GefStoffV.

Das Gefahr***stoff***recht zielt insbesondere auf den Schutz des Menschen und der Umwelt vor schädlichen Einwirkungen und damit auf Bereiche des Arbeitsschutzes, des Verbraucherschutzes und des Umweltschutzes ab.

4.5.4.1 Gefahrstoffrecht im Lager

Schwerpunkt für dieses Kapitel sind die Vorschriften, die für den lagerbedingten Umgang mit solchen Gütern zu beachten sind[2)].

Es ist grundsätzlich davon auszugehen, dass hier regelmäßig Personen keinen unmittelbaren Kontakt mit dem Produkt haben; vielmehr ist ihnen durch geeignete Verpackung Schutz geboten. Gleichwohl ist der Umgang mit solchen Gütern potenziell gefährlich, da unsachgemäßes Handeln zu Zwischenfällen führen kann, die sich schädlich auf Personen, Sachen und die Umwelt auswirken können.

Zur Eindämmung der Auswirkungen solcher Gefahren sieht das Gefahrstoffrecht vor, dass

- durch den Arbeitgeber eine betriebsbezogene *Gefährdungsbeurteilung* erfolgt;
- er sich dabei - soweit erforderlich - *fachkundiger Personen* bedient;
- erforderliche *Maßnahmen* nach dem Arbeitsschutzgesetz und der GefStoffV zu treffen sind;
- eine entsprechende *Unterweisung der Beteiligten* erfolgt;
- über alle Feststellungen und getroffenen Maßnahmen entsprechende *Dokumentationen* erfolgen und diese ggf. quittiert werden.

---

2) Für eine vertiefende Betrachtung des Gefahrstoffrechtes wird folgender Literaturhinweis gegeben: Rainer Hofmann, Die neue Gefahrstoffverordnung – Das neue Recht nach der Reform. 1. Auflage, Freiburg, Berlin, München: Verlag Rudolf Haufe GmbH, 2005 (zu beziehen auch über Verkehrs-Verlag J. Fischer, Düsseldorf).

● Gefährdungsbeurteilung

Die Gefährdungsbeurteilung ist dabei zentraler Ausgangspunkt für die Schutzmaßnahmen im Betrieb. Grundsätzlich ist im Lager von einem niedrigeren Gefahrenpotenzial auszugehen, als in den Bereichen der Produktion bzw. der Verarbeitung. Trotzdem muss ermittelt werden, welche Gefährdung bei einem Zwischenfall auf die Beschäftigten einwirken kann und wie dieser zu begegnen ist.

In einem ersten Schritt ist zu ermitteln, welche Gefahrstoffe ins Lager gelangen und welche Gefahr von ihnen ausgeht. Hierzu bieten sich zwei Informationsquellen.

Zum einen ist an der Kennzeichnung der Verpackung zu erkennen, ob es sich bei dem Inhalt um einen gefährlichen Stoff handelt. Für die Kennzeichnung der von dem Inhalt ausgehenden Gefahren sind international anerkannte Gefahrensymbole entwickelt worden, die durch ihre bildliche Darstellung „selbsterklärend“ sein sollen. Sowohl das Gefahrgut- als auch das Gefahrstoffrecht sieht solche Symbole vor – jedoch sind diese unterschiedlich. Bei den Gefahrstoffsymbolen handelt es sich um auf der Grundlinie stehende orangefarbene Quadrate mit einem schwarzen Rand und dem jeweiligen Symbol. Im Gefahrgutrecht erfolgt die Darstellung durch auf die Spitze gestellte Quadrate mit unterschiedlichen Symbolen auf verschiedenfarbigem Hindergrund. Tabelle 1 zeigt die Symbole zu den Gefahren nach der Gefahrstoffverordnung und die adäquaten Kennzeichnungen nach dem Gefahrgutrecht.

Beschreibung der Gefahr	Symbol nach Gefahrstoffrecht	Zusatzbezeichnung nach Gefahrstoffrecht	Symbol nach Gefahrgutrecht
Explosionsgefährlich		E	 1.4 1.5 1.6
Brandfördernd		O	
Hochentzündlich		F+	
Leichtentzündlich		F	
Sehr giftig		T+	
Giftig		T	
Ätzend		C	
Reizend		Xi	
Gesundheitsschädlich		Xn	
Umweltgefährlich		N	

Tabelle 1: Symbole nach Gefahrstoff- und Gefahrgutrecht.
(farbige Abbildungen siehe Umschlagseiten)

Für gefährliche Stoffe bzw. Zubereitungen wird außerdem jeweils ein so genanntes Sicherheitsdatenblatt erstellt. Dieses enthält u. a. eine Reihe von sachgerechten und praxisnahen Empfehlungen zur Handhabung des Produktes am Arbeitsplatz.

● Fachkundige Personen

Die notwendigen Auswertungen der gewonnenen Informationen erfolgen dann durch die Leitung des Betriebes. Für die Abschätzung und Zuordnung der unmittelbaren und potenziellen Gefahren sind die Fachleute im Betrieb, ggf. auch externer Fachbeistand, zu Rate zu ziehen. Betriebsärzte, Fachkräfte für Arbeitssicherheit oder Gefahrgutbeauftragte können hier innerbetrieblich erste Ansprechpartner sein.

● Erforderliche Maßnahmen

Zum Schutz der Beschäftigten sind ggf. Maßnahmen zu treffen, die dem jeweiligen Gefährdungsgrad entsprechen. Diese sind nach einem Schutzstufenkonzept gegliedert:

Schutzstufe 1

In einer ersten Maßnahmenstufe ist vorgesehen, die Gefährdung der Gesundheit und der Sicherheit der Beschäftigten bei Tätigkeiten mit Gefahrstoffen durch folgende Maßnahmen zu beseitigen oder auf ein Minimum zu reduzieren:

1. Gestaltung des Arbeitsplatzes und der Arbeitsorganisation,
2. Bereitstellung geeigneter Arbeitsmittel für Tätigkeiten mit Gefahrstoffen und entsprechende Wartungsverfahren zur Gewährleistung der Gesundheit und Sicherheit der Beschäftigten bei der Arbeit,
3. Begrenzung der Anzahl der Beschäftigten, die Gefahrstoffen ausgesetzt sind oder ausgesetzt sein können,
4. Begrenzung der Dauer und des Ausmaßes der Exposition,

5. angemessene Hygienemaßnahmen, insbesondere die regelmäßige Reinigung des Arbeitsplatzes,
6. Begrenzung der am Arbeitsplatz vorhandenen Gefahrstoffe auf die für die betreffende Tätigkeit erforderliche Menge,
7. geeignete Arbeitsmethoden und Verfahren, welche die Gesundheit und Sicherheit der Beschäftigten nicht beeinträchtigen, einschließlich Vorkehrungen für die sichere Handhabung, Lagerung und Beförderung von Gefahrstoffen und Abfällen, die Gefahrstoffe enthalten, am Arbeitsplatz.

Schutzstufe 2

Lässt sich die Gefährdung entsprechend Absatz 1 nicht beseitigen, hat der Arbeitgeber diese durch Maßnahmen in der nachstehenden Rangordnung auf ein Mindestmaß zu verringern:

1. Gestaltung geeigneter Verfahren und technischer Steuerungseinrichtungen sowie Verwendung geeigneter Arbeitsmittel und Materialien nach dem Stand der Technik,
2. Durchführung kollektiver Schutzmaßnahmen an der Gefahrenquelle, wie zum Beispiel angemessene Be- und Entlüftung und geeignete organisatorische Maßnahmen,
3. sofern eine Gefährdung nicht durch Maßnahmen nach Nummer 1 und 2 verhütet werden kann, Durchführung von individuellen Schutzmaßnahmen, die auch die Anwendung persönlicher Schutzausrüstung umfassen.

Der Arbeitgeber stellt sicher, dass

- die Schutzausrüstungen an einem dafür vorgesehenen Ort sachgerecht aufbewahrt werden,
- die Schutzausrüstungen vor Gebrauch geprüft und nach Gebrauch gereinigt werden und
- schadhafte Ausrüstungen vor erneutem Gebrauch ausgebessert oder ausgetauscht werden.

Schutzstufe 3

Ist die Substitution eines Gefahrstoffs durch Stoffe, Zubereitungen oder Erzeugnisse oder Verfahren, die bei ihrer Verwendung oder Anwendung nicht oder weniger gefährlich für die Gesundheit und Sicherheit sind, technisch nicht möglich, so hat der Arbeitgeber dafür zu sorgen, dass die Herstellung und die Verwendung des Gefahrstoffs in einem geschlossenen System stattfindet.

Schutzstufe 4

In den Fällen, in denen Tätigkeiten mit krebserzeugenden, erbgutverändernden oder fruchtbarkeitsgefährdenden Gefahrstoffen der Kategorie 1 oder 2 durchgeführt werden, hat der Arbeitgeber die folgenden Maßnahmen durchzuführen:

1. Messungen dieser Stoffe, insbesondere zur frühzeitigen Ermittlung erhöhter Expositionen infolge eines unvorhersehbaren Ereignisses oder eines Unfalles,

2. Abgrenzung der Gefahrenbereiche und Anbringung von Warn- und Sicherheitszeichen, einschließlich des Zeichens „Rauchen verboten", in Bereichen, in denen Beschäftigte diesen Gefahrstoffen ausgesetzt sind oder ausgesetzt sein können.

● Unterweisung der Beteiligten

Der Arbeitgeber stellt sicher, dass den Beschäftigten eine schriftliche Betriebsanweisung, die der Gefährdungsbeurteilung jeweils aktuell Rechnung trägt, in für die Beschäftigten verständlicher Form und Sprache zugänglich gemacht wird. Die Betriebsanweisung muss mindestens Folgendes enthalten:

1. Informationen über die am Arbeitsplatz auftretenden Gefahrstoffe, wie zum Beispiel Bezeichnung der Gefahrstoffe, ihre Kennzeichnung sowie Gefährdungen der Gesundheit und der Sicherheit,

2. Informationen über angemessene Vorsichtsmaßregeln und Maßnahmen, die der Beschäftigte zu seinem eigenen Schutz

und zum Schutz der anderen Beschäftigten am Arbeitsplatz durchzuführen hat. Dazu gehören insbesondere

a. Hygienevorschriften,
b. Informationen über Maßnahmen, die zur Verhütung einer Exposition zu ergreifen sind,
c. Informationen zum Tragen und Benutzen von Schutzausrüstungen und Schutzkleidung,

3. Informationen über Maßnahmen, die von den Beschäftigten, insbesondere von Rettungsmannschaften, bei Betriebsstörungen, Unfällen und Notfällen und zur Verhütung von diesen durchzuführen sind.

● Dokumentationen

Über alle getroffenen Feststellungen, eingeleitete Maßnahmen, Unterweisung und Information der Beteiligten hat der Betrieb Dokumentation zu betreiben.

In dieser schriftlichen Organisationsunterlage sind zudem auch

- die für den Arbeitsschutz verantwortliche Person benannt,
- die Beurteilungsintervalle festgelegt,
- die im Einzelnen zu treffenden Maßnahmen beschrieben,
- die Unterweisung der Beteiligten bescheinigt,
- die Durchführung aller Maßnahmen bestätigt und
- die Wirksamkeit der Maßnahmen festgehalten.

4.5.4.2 Gefahrgutrecht im Lager[3)]

Unternehmer und Inhaber von Betrieben, die an der Beförderung gefährlicher Güter mit Eisenbahn-, Straßen-, Wasser- oder Luftfahrzeugen

3) Zum Thema „Gefahrgut" bietet der Verkehrs-Verlag J. Fischer umfassendes Informations- und Unterrichtsmaterial.

beteiligt sind, müssen mindestens einen Gefahrgutbeauftragten schriftlich bestellen. Die Funktion des Gefahrgutbeauftragten kann

1. von einem Mitarbeiter des Unternehmens oder Betriebes, dem auch andere Aufgaben übertragen sein können,
2. von einer dem Unternehmen oder Betrieb nicht angehörenden Person oder
3. vom Unternehmer oder Inhaber eines Betriebes

wahrgenommen werden. Nimmt der Unternehmer oder Inhaber eines Betriebes die Funktion des Gefahrgutbeauftragten selbst wahr, ist eine schriftliche Bestellung nicht erforderlich.

Von dieser Verpflichtung ausgenommen sind Unternehmer und Inhaber von Betrieben,

1. deren Tätigkeiten sich auf freigestellte Beförderungen gefährlicher Güter auf Straße, Schiene, Binnenwasserstraßen, See und in der Luft beschränken oder auf Beförderungen in begrenzten Mengen nach Unterabschnitt 1.1.3.6 des ADR[4)] beziehen,
2. wenn sie in einem Kalenderjahr an der Beförderung von nicht mehr als 50 Tonnen netto gefährlicher Güter, bei radioaktiven Stoffen nur der UN-Nummern 2908 bis 2911, für den Eigenbedarf in Erfüllung betrieblicher Aufgaben beteiligt sind,
3. die lediglich Verpackungen, Großpackmittel (IBC) oder Tanks nach Baumustern herstellen, soweit sie nicht in anderen Funktionen bei der Beförderung gefährlicher Güter mit Eisenbahn-, Straßen-, Wasser- und Luftfahrzeugen beteiligt sind und ihnen nach den jeweils geltenden Vorschriften Verantwortlichkeiten zugewiesen sind,
4. die gefährliche Güter lediglich empfangen oder
5. wenn sie ausschließlich als Auftraggeber des Absenders an der Beförderung gefährlicher Güter, ausgenommen radioaktive Stoffe der Klasse 7 und gefährliche Güter der Beförderungskategorie 0 nach Absatz 1.1.3.6.3 des ADR oder Unterabschnitt

[4)] ADR = Internationales Übereinkommen über die Beförderung gefährlicher Güter auf der Straße

1.1.3.1 des RID[5], von nicht mehr als 50 Tonnen netto pro Kalenderjahr beteiligt sind.

Je nach Art des Lagers besteht also die Möglichkeit, dass ein Gefahrgutbeauftragter zu bestellen ist. Der Gefahrgutbeauftragte hat unter der Verantwortung des Unternehmers oder Inhabers eines Betriebes im Wesentlichen die Aufgabe, im Rahmen der betroffenen Tätigkeit des Unternehmens oder Betriebes nach Mitteln und Wegen zu suchen und Maßnahmen zu veranlassen, die die Einhaltung der Vorschriften zur Beförderung gefährlicher Güter für den jeweiligen Verkehrsträger erleichtern. Der Gefahrgutbeauftragte ist verpflichtet, Aufzeichnungen über seine Überwachungstätigkeit unter Angabe des Zeitpunktes der Überwachung, der Namen der überwachten Personen und der überwachten Geschäftsvorgänge zu führen.

Der Gefahrgutbeauftragte nimmt insbesondere folgende Aufgaben wahr:

1. Überwachung der Einhaltung der Vorschriften für die Gefahrgutbeförderung,
2. unverzügliche Anzeige von Mängeln, die die Sicherheit beim Transport gefährlicher Güter beeinträchtigen, an den Unternehmer oder Inhaber des Betriebes,
3. Beratung des Unternehmens oder des Betriebes bei den Tätigkeiten im Zusammenhang mit der Gefahrgutbeförderung,
4. Erstellung eines Jahresberichtes über die Tätigkeiten des Unternehmens in Bezug auf die Gefahrgutbeförderung innerhalb eines halben Jahres nach Ablauf des Geschäftsjahres. Der Jahresbericht sollte insbesondere enthalten:
   a. Art der gefährlichen Güter unterteilt nach Klassen,
   b. Menge der gefährlichen Güter in einer der folgenden vier Stufen:
      - bis 5 t,
      - mehr als 5 t bis 50 t,
      - mehr als 50 t bis 1000 t,
      - mehr als 1000 t,

[5] RID = Internationales Übereinkommen über die Beförderung gefährlicher Güter auf der Schiene

c. Zahl und Art der Unfälle mit gefährlichen Gütern, über die ein Unfallbericht nach Anlage 2 erstellt worden ist,
d. sonstige Angaben, die nach Auffassung des Gefahrgutbeauftragten für die Beurteilung der Sicherheitslage wichtig sind.

Die Berichte sind fünf Jahre lang aufzubewahren und den zuständigen Überwachungsbehörden auf Verlangen vorzulegen.

5. Zu den Aufgaben des Gefahrgutbeauftragten gehört insbesondere auch die Überprüfung des Vorgehens hinsichtlich der folgenden betroffenen Tätigkeiten:
   - Verfahren, mit denen die Einhaltung der Vorschriften zur Identifizierung des beförderten Gefahrguts sichergestellt werden soll,
   - Vorgehen des Unternehmens, um beim Kauf von Beförderungsmitteln den besonderen Erfordernissen in Bezug auf das beförderte Gut Rechnung zu tragen,
   - Verfahren, mit denen das für die Gefahrgutbeförderung oder für das Verladen oder Entladen verwendete Material überprüft wird,
   - ausreichende Schulung der betreffenden Arbeitnehmer des Unternehmens und Vermerk über diese Schulung in der Personalakte,
   - Durchführung geeigneter Sofortmaßnahmen bei etwaigen Unfällen oder Zwischenfällen, die unter Umständen die Sicherheit während der Gefahrgutbeförderung oder während des Verladens oder Entladens gefährden,
   - Durchführung von Untersuchungen und, sofern erforderlich, Erstellung von Berichten über Unfälle, Zwischenfälle oder schwere Verstöße, die während der Gefahrgutbeförderung oder während des Verladens oder Entladens festgestellt wurden,
   - Einführung geeigneter Maßnahmen, mit denen das erneute Auftreten von Unfällen, Zwischenfällen oder schweren Verstößen verhindert werden soll,
   - Berücksichtigung der Rechtsvorschriften und der besonderen Anforderungen der Gefahrgutbeförderung bei der

Auswahl und dem Einsatz von Subunternehmen oder sonstigen Dritten,

- o Überprüfung, ob das mit der Gefahrgutbeförderung oder dem Verladen oder Entladen des Gefahrguts betraute Personal über ausführliche Arbeitsanleitungen und Anweisungen verfügt,
- o die Gefahren bei der Gefahrgutbeförderung oder beim Verladen oder Entladen des Gefahrguts erkennen,
- o Einführung von Maßnahmen zur Überprüfung des Vorhandenseins der im Beförderungsmittel mitzuführenden Papiere und Sicherheitsausrüstungen sowie der Vorschriftsmäßigkeit dieser Papiere und Ausrüstungen,
- o Einführung von Verfahren zur Überprüfung der Einhaltung der Vorschriften für das Verladen und Entladen.

Die Aufgaben nach den Nummern 2 und 3 entfallen für Gefahrgutbeauftragte, die Unternehmer oder Betriebsinhaber sind.

Um für die Aufgabe entsprechend gerüstet zu sein, muss der Gefahrgutbeauftragte sich einer Schulung und einer anschließenden Prüfung unterziehen, die alle fünf Jahre zu wiederholen ist.

Bei der Ausgabe von Waren aus dem Lager zur Beförderung im Sinne des Gefahrgutrechtes wird der Lagerhalter ggf. zum „Verlader“ nach der GGVSE[6]. Damit wird er verantwortlich dafür, dass

1. dem Beförderer nur gefährliche Güter übergeben werden, wenn sie nach § 3 GGVSE befördert werden dürfen;
2. bei der Übergabe verpackter gefährlicher Güter oder ungereinigter leerer Verpackungen zur Beförderung geprüft wird, ob die Verpackung beschädigt ist; er darf ein Versandstück, dessen Verpackung beschädigt, insbesondere undicht ist, so dass gefährliches Gut austritt oder austreten kann, zur Beförderung erst übergeben, wenn der Mangel beseitigt worden ist, Gleiches gilt für ungereinigte leere Verpackungen und für die Beförderung in begrenzten Mengen;

[6] Gefahrgutverordnung Straße und Eisenbahn (nationale Vorschrift zur Umsetzung von ADR und RID in das Deutsche Recht).

3. ein Versandstück nach Teilentnahme des gefährlichen Gutes nur verladen wird, wenn die Verpackung Unterabschnitt 4.1.1.1 Satz 2 bis 6 des ADR entspricht;
4. die Vorschriften über die ungereinigten leeren Verpackungen nach Unterabschnitt 4.1.1.11 in Verbindung mit Unterabschnitt 4.1.1.1 Satz 3 bis 5 des ADR beachtet werden;
5. die Vorschriften über die Gefahrzettel und Kennzeichnungen nach Unterabschnitt 5.1.3.1 des ADR in Verbindung mit Kapitel 5.2 des ADR beachtet werden;
6. aa) im Straßenverkehr an Containern mit Versandstücken Großzettel (Placards) nach Unterabschnitt 5.3.1.2 des ADR und

   bb) im Schienenverkehr an Großcontainern, Tragwagen und Wagen mit Versandstücken Großzettel (Placards) nach Unterabschnitt 5.3.1.2 RID, Unterabschnitt 5.3.1.3 des RID, ausgenommen Absatz 5.3.1.3.1 Satz 2 und 5.3.1.3.2 Satz 2 des RID, und Unterabschnitt 5.3.1.5 des RID und Rangierzettel nach Abschnitt 5.3.4 des RID, ausgenommen Absatz 5.3.1.3.1 Satz 2 des RID,

   angebracht sind;
7. nur Container eingesetzt werden, die den technischen Anforderungen nach Abschnitt 7.1.3 und 7.1.4 des ADR entsprechen;
8. der Fahrzeugführer auf das gefährliche Gut mit den Angaben nach Absatz 5.4.1.1.1 Buchstabe a bis d des ADR sowie, wenn es sich um Stoffe handelt, die § 7 Abs. 1 GGVSE unterliegen, auf die Beachtung des § 7 GGVSE hingewiesen wird. Der allgemeine Hinweis auf das gefährliche Gut ohne die Angaben nach Absatz 5.4.1.1.1 Buchstabe a bis d des ADR ist auch bei der Beförderung in begrenzten Mengen nach Kapitel 3.4 des ADR erforderlich und
9. abweichend von Unterabschnitt 5.4.3.2 Satz 1 des ADR die schriftlichen Weisungen nach Unterabschnitt 5.4.3.1 des ADR und Unterabschnitt 5.4.3.3 Satz 2 des ADR dem Fahrzeugführer übergeben werden;

10. im Schienenverkehr beim Verladen gefährlicher Güter in Wagen oder Container die Vorschriften über

    a) die Beförderung in Versandstücken nach Kapitel 7.2 des RID

    und

    b) die Beladung und Handhabung nach Kapitel 7.5 des RID

    beachtet werden;

11. die im Straßenverkehr geltenden Vorschriften über die Beladung und die Handhabung nach Kapitel 7.5 des ADR beachtet werden.

Soweit im Lager Personen mit Aufgaben betraut werden, die sich auf die Güterbeförderung auswirken, sind sie als so genannte „beauftragte Personen" nach der GbV bezogen auf ihre spezielle Tätigkeit zu unterrichten. Diese Unterrichtung hat durch den Gefahrgutbeauftragten zu erfolgen.

4.6 Bereitstellung der Ware zum Versand

Nachdem die kommissionierte Ware fachgerecht verpackt worden ist, wird diese i.d.R. auf Europaletten oder in Transportbehälter geladen. Dabei muss unbedingt auf eine fach- und sachgerechte Stapelung der Verpackungseinheiten geachtet werden (Stapelung im Verbund!). Dieses trifft besonders beim Beladen von Europaletten zu.

Anschließend wird die Ware in den Versandbereich gebracht. Versandbereich kann ein bestimmter Komplex im Lager, oder was besser ist, ein separater, angrenzender Raum sein (Versandlager).

Hier wird die Ware abgestellt, wobei bereits an den Versand gedacht werden muss. In der Praxis hat sich bewährt, dass der Versandbereich nach Abholern und / oder Abholfahrzeugen gegliedert ist.

Eine solche Gliederung des Versandlagers bietet sich z.B. an für

- **eigene Fahrzeuge,**
- **Selbstabholer,**
- **Transportunternehmer / Spediteure,**
- **Bahnversand (Frachtgut, Expressgut),**
- **Postversand,**
- **usw.**

4.7 Verladung der Ware

Vor der Verladung des Gutes muss sich der Absender Gedanken über das richtige Verkehrsmittel und den einzusetzenden Frachtführer machen.

4.7.1 Auswahl des richtigen Verkehrsmittels

Von der Wahl des richtigen Verkehrsmittels hängt für den Absender der wirtschaftliche Erfolg der Beförderungsleistung ab. Dieser Erfolg beeinflusst in erheblichen Maße den Absatz seiner Produkte. Damit wird der wirtschaftliche Erfolg des Verkaufs auch durch die richtige Auswahl des Verkehrsmittels mitbestimmt. Es gilt also das Verkehrsmittel zu wählen, das der **wirtschaftlichen und natürlichen Transportfähigkeit** des Gutes am besten entspricht.

Die Wahl unter konkurrierenden Verkehrsmitteln wird durch die Qualität der Beförderungsleistung entschieden, welche sich aus der technischen Eigenart des Verkehrsmittels ergibt. Sie wird grundsätzlich bestimmt durch

- Pünktlichkeit
- Regelmäßigkeit,
- Schnelligkeit,
- Sicherheit und
- günstigen Frachtpreis.

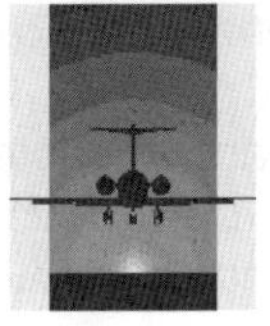

Diese allgemeinen Grundsätze gelten jedoch nur im Verhältnis zur jeweiligen Beförderungssituation. So kann für dasselbe Gut in einer Situation die langsame, aber billige Beförderung mit dem Binnenschiff zweckmäßig sein, während in einer anderen Situation die schnellere, aber teuere Beförderung mit der Eisenbahn die Richtige ist.

Die Wahl hängt weiter davon ab, ob der Laderaum des einzelnen Verkehrsmittels so beschaffen ist, dass er zur Beförderung des Gutes geeignet ist. So kann für ein bestimmtes Gut nur der Lastkraftwagen, das Binnenschiff oder die Eisenbahn eingesetzt werden.

Für jedes Verkehrsmittel ergeben sich bestimmte Vorteile, jedes hat aber auch dem anderen gegenüber gewisse Nachteile. Aus dem Abwägen dieser Vor- und Nachteile ergibt sich die Eignung des Verkehrsmittels zur Beförderung eines bestimmten Gutes. Diese Eigenarten eines Verkehrsmittels müssen bekannt sein, um die optimale Auswahl zu treffen.

Ist die Entscheidung für ein Verkehrsmittel gefallen, muss der geeignete Frachtführer ermittelt werden (mit Ausnahme bei der Eisenbahn). Da die staatlich verordneten Tarife bereits seit vielen Jahren ersatzlos aufgehoben worden sind, kann die Entscheidung für einen Frachtführer erst getroffen werden, wenn mehrere Angebote vorliegen. Bei der Auswahl des Partners sollte neben dem Preis auch dessen Zuverlässigkeit eine wichtige Rolle spielen.

4.7.2 Frachtvertrag und Beladen des Transportmittels

Der Frachtvertrag (Beförderungsvertrag) wird zwischen dem Absender und dem Frachtführer geschlossen. Durch den Vertrag ist der Frachtführer verpflichtet, das Gut zum Bestimmungsort zu befördern und dort an den Empfänger abzuliefern. Der Absender ist verpflichtet, die vereinbarte Fracht zu zahlen.

Der Absender ist verpflichtet, das Gut in einwandfreiem Zustand und mit einer **beförderungssicheren Verpackung** sowie ausreichender Kennzeichnung an den Frachtführer zu übergeben.

Nach dem Frachtrecht des Handelsgesetzbuches (HGB), ist der **Absender** zur Beladung des Fahrzeugs (nach Anweisung des Fahrzeugführers) und zur Verladung des Gutes (Ladungssicherung) verpflichtet. **Steht ein Lkw oder Waggon beim Absender zur Übernahme der Ware bereit, beginnt als Erstes die Beladung.**

Unter Beladen wird das Aufnehmen des Gutes im Lager und das Absetzen auf dem Fahrzeugboden verstanden.

Das Beladen des Lkw oder Waggons ist grundsätzlich eine Aufgabe des Absenders.

Ist der Beladevorgang abgeschlossen, folgt als Nächstes die Verladung des Gutes.

4.7.3 Verladen des Gutes

Unter Verladen wird die Ladungssicherung auf dem Fahrzeug (Stauen und Sichern der Ware) verstanden.

Das Verladen ist im nationalen Güterverkehr – wie auch das Entladen – grundsätzlich Aufgabe des Absenders. Bei internationalen Transporten ist derjenige verantwortlich, der die Verladung vornimmt.

Der Absender kann bei nationalen Transporten die Aufgabe der **Entladung** durch eine Vereinbarung auf den Empfänger oder den Frachtführer übertragen. Der Frachtführer kann für eine solche Tätigkeit eine gesonderte Vergütung verlangen.

Erforderliche Maßnahmen zur Ladungssicherung

Die Ware muss auf dem Fahrzeug durch

- **Beachten des zulässigen Gesamtgewichtes,**
- **Stauen und gleichmäßiges Verteilen,**
- **Sicherungsstangen, Zurrgurte, Seile, Kunststoffbänder oder Ketten,**
- **Ladehölzer, Keile, Bretter,**
- **Rungenverlängerungen, Ladegestelle, Planen oder Netze**

gegen Verrutschen, Umfallen, Verrollen und Herabfallen gesichert werden.

Abbildung 43: Erforderliche Maßnahmen zur Ladungssicherung

4.7.4 Beförderungs- und Begleitpapiere für die Ware

Nach dem nationalen und internationalen Frachtrecht hat der Absender dem Frachtführer alle Beförderungs- und Begleitpapiere mitzugeben, die zur ordnungsgemäßen Durchführung der Beförderung und zur Erfüllung von Zoll-, Steuer- und Polizeivorschriften erforderlich sind; andernfalls ist er dem Frachtführer schadenersatzpflichtig.

Beförderungs- und Begleitpapiere
(gewerblicher Güterkraftverkehr)

Zu den Beförderungs- und Begleitpapieren zählen u.a.

- **Frachtbrief nach HGB oder CMR,**
- **Zolldokumente (falls Zollgut verladen wird oder Ware an einen Empfänger außerhalb des Geltungsbereichs der Europäischen Union (EU) oder des Europäischen Wirtschaftsraums (EWR) verladen wird),**
- **Unfallmerkblätter, falls Gefahrgut verladen wird,**
- **Ausnahmegenehmigungen, (z.B. bei Überhöhe / Überbreite),**
- **sonstige Dokumente im Einzelfall.**

Abbildung 44: Beförderungs- und Begleitpapiere

Der Frachtbrief als Beförderungspapier

Im nationalen Güterkraftverkehr ist der Absender – **auf Verlangen des Frachtführers** – verpflichtet, einen Frachtbrief auszustellen und mit der Ware zu übergeben (sogenannter HGB-Frachtbrief).

Bei internationalen Lkw-Transporten **muss** der Absender nach den CMR (internationalen Beförderungsvorschriften) ebenfalls einen Frachtbrief mit der Ware an den Frachtführer übergeben.

Bei nationalen und internationalen Bahntransporten (Express, Frachtgut, Wagenladung) nimmt die Bahn das Gut nur dann an, wenn dieses bei der Güterabfertigung mit einem **vorgeschriebenen Frachtbrief** „aufgeliefert“ (übergeben) wird.

Im nationalen und internationalen Straßengüterverkehr dient der Frachtbrief – **bis zum Beweis des Gegenteils** – als Nachweis für den Abschluss des Frachtvertrages und für die ordnungsgemäße und vollzählige Übernahme des Gutes durch den Frachtführer.

4.7.5 Fristen bei Schäden und Verlusten sowie Verjährung
(nationaler und internationaler Straßengüterverkehr und Bahn)

Äußerlich erkennbare Schäden und Verluste müssen sofort bei der Ablieferung des Gutes *schriftlich* im Frachtpapier als Vorbehalt vermerkt werden. Geschieht dieses nicht, wird später unterstellt, dass die Ware vollzählig und unbeschädigt vom Empfänger angenommen worden ist.

Verdeckte Schäden, die äußerlich nicht erkennbar waren, müssen dem Frachtführer innerhalb von 7 Tagen schriftlich angezeigt werden. Bei internationalen Transporten nach der CMR gilt die gleiche Frist, jedoch werden Sonn- und Feiertage bei der Berechnung der Frist nicht mitgerechnet.

Alle Ansprüche gegen den Frachtführer verjähren – von einigen Ausnahmen abgesehen – **innerhalb von 1 Jahr.** Bei Vorsatz oder einem dem Vorsatz gleichstehenden Verschulden beträgt die Verjährungsfrist jedoch 3 Jahre.

A

B

E

H

I

J

K

L

M

N

O

P

Q

R

S

Sch

St

T

Z

